PAPST FRANZISKUS

MARIA

PAPST FRANZISKUS

MARIA

Gedanken über die Mutter Gottes

Herausgegeben von
Bischof Dr. Stefan Oster SDB

HERDER
FREIBURG · BASEL · WIEN

Inhalt

Vorwort

Im Herbst 2015 waren die deutschen Bischöfe zum Ad-Limina-Besuch in Rom. Als ich mich bei unserem Treffen mit Papst Franziskus dem Heiligen Vater als Bischof von Passau vorgestellt habe, blickte er mich an und sagte mit frohen, leuchtenden Augen: »Ah! Altötting!«. Der Papst aus Argentinien kennt Altötting, den bedeutendsten Marienwallfahrtsort Deutschlands, im südlichen Teil unseres Passauer Bistums gelegen. Wie schön! Ob er selbst schon dort war, weiß ich nicht, aber sicher hat ihm sein Vorgänger, Papst Benedikt XVI., von diesem Ort, diesem Herz von Bayern in der Nähe seines Geburtsortes Marktl erzählt. Außerdem wissen wir, dass Papst Franziskus das Bild von Maria der Knotenlöserin während seines Deutschlandaufenthaltes als junger Jesuit aus Augsburg mit nach Argentinien gebracht und dort populär gemacht hat. Inzwischen ist dieses Bild von der Knotenlöserin offenbar an vielen Orten der Welt bekannt, bei besagtem Rom-Aufenthalt beispielsweise begegnete es mir in mehreren Kirchen und auf zahlreichen Devotionalien in den Andenkenläden. Schließlich: Ich bin Salesianer Don Boscos und Papst Franziskus ist in Argentinien in einer Salesianer-Schule groß geworden und wurde lange von einem Salesianerpriester geistlich begleitet. Unser Ordensvater Don Bosco hat die Mutter des Herrn als »Helferin der Christen« verehrt und uns zur Verehrung anvertraut. Auch dieser Aspekt der Marienfrömmigkeit ist bei Papst Franziskus in seiner Verkündigung und sicher in seinem persönlichen Gebet ein durchgehender Aspekt. Und so freut es mich sehr, diesem Buch mit Texten des Hl. Vaters zur Mutter des Herrn einige Gedanken voranstellen zu dürfen.

Wallfahrten zur Mutter des Herrn

Warum ist es so, dass Menschen, Christen, die sich zu einer Wallfahrt aufmachen, in den allermeisten Fällen zu Orten gehen, in denen die Mutter des Herrn in besonderer Weise verehrt wird? Zum Beispiel an den großen Wallfahrtsorten der Welt: in Lourdes, in Fatima, in Guadeloupe , in Altötting oder auch an so vielen kleineren, lokalen Marienwallfahrtsorten? Meine starke Vermutung ist die, dass die Verehrung Mariens, der Glaube von Vielen an ihre helfende Wirksamkeit, auch tatsächlich ihre Präsenz spürbar werden lässt, ihre konkrete, segnende Präsenz in dieser Welt, an diesem jeweiligen Ort. Aber, so wird man vielleicht kritisch einwenden wollen, warum gehen die Menschen nicht gleich zu Jesus? Warum gehen sie zuerst zu Maria? Die Antwort des Glaubens wäre: Sie gehen dorthin, wo Gott in dieser Welt Wohnung genommen hat. Sie gehen zum »Wohnort Gottes in der Welt«. Und eines der Bilder, die die Hl. Schrift für die Kirche verwendet, ist eben auch dieses: »Wohnung Gottes unter den Menschen« (Offb 21,3; Eph, 2,22). Der Glaube, die Schrift, denkt aber von Personen her, sie denkt personal. Und wenn wir an »Kirche« denken, denken wir vielleicht vordergründig an ein Haus aus Stein, was natürlich nicht ganz verkehrt ist. Aber tiefer betrachtet ist Kirche natürlich das »Haus aus lebendigen Steinen« (1 Petr 2,5), sie ist die Gemeinschaft von Menschen, in denen und unter denen Gott wohnt.

Nun ist es aber so, dass kein Mensch, keiner von uns, in einem vollen Sinne »Wohnort Gottes« wäre, also »Tempel des Heiligen Geistes« (1 Kor 6,19). Bei keinem ist diese Präsenz vollständig verwirklicht. Als Getaufte haben wir zwar alle Gottes Geist empfangen. Und als Menschen, die beten, einzeln und in Gemeinschaft, erbitten wir immer neu seinen Geist. Wir wünschen uns, in der Gnade zu wachsen, wir sehnen uns nach einem Mehr der Präsenz Gottes in unserem Leben. Aber es gibt in unserer gebrochenen Natur auch Widerstand gegen den Geist Gottes, es gibt auch innere »Räume« unserer Seele, wo wir ihn nicht oder noch nicht wohnen lassen wollen. Es gibt in uns auch die Wirklichkeit der Sünde. Wir sind bleibend angewiesen darauf, dass Gott selbst uns immer heiler macht und verwandelt in Menschen, die wahrhaft »Wohnort Gottes in der Welt« werden. Ja, wir sind schon Kirche, aber die Kirche in dieser Welt ist auch die Gemeinschaft der Sünder, die hoffen, durch die Nähe zu Gott bessere Menschen zu werden, mit mehr Glauben, mehr Hoffnung und mehr Liebe. Doch nun gab und gibt es eine, eine einzige Gestalt in der Geschichte unseres Glaubens, die war so heil, so ungebrochen, dass Gott mit ihr den neuen Anfang gemacht hat. Sie ist die Wohnung schlechthin, das Geschöpf, das im denkbar tiefsten Sinn schon in dieser Welt das gelebt hat, was die Berufung von uns allen ist: Gott in sich wohnen zu lassen und ihn liebend der Welt zu schenken – zu seinem Lob! Maria ist die heile, die neue Schöpfung, Gottes erster und liebster Wohnort in der Welt. Maria ist deshalb die Person, die im authentischen Sinn das verkörpert, was wir Kirche nennen. Ja, in einem tiefen Sinn kann man sogar sagen: Sie ist die Kirche. An ihr wird am besten verstehbar, was wir meinen, wenn wir von Kirche sprechen.

Maria und die Kirche

Biblisch versteht Paulus die Kirche als das neue Jerusalem und er nennt es zugleich »unsere Mutter« (Gal 4,26), an anderer Stelle ist die Gemeinde auch die »Jungfrau« (2 Kor 11,2)! Beides ist Maria im buchstäblichen und im übertragenen Sinn: Sie ist als Jungfrau von Gottes Geist »überschattet« (Lk 1,35) und sie hat als Mutter den Erlöser zur Welt gebracht. Diejenigen, die zu Jesus gehören, die Kirche als Gemeinschaft bilden, empfangen den Herrn umso tiefer, je mehr sie sich von seinem Geist ergreifen, ausräumen und verwandeln lassen, das heißt im Bild gesprochen: je absichtsloser, je »jungfräulicher« ihre Liebe wird. Und sie werden umso »mütterlicher«, je mehr sie eben diese Liebe Gottes »zur Welt bringen«. Kirche, sagt Augustinus, sind diejenigen, die Gott und einander mit derselben Liebe lieben, mit der er sie liebt. Das ist im eigentlichen Sinn in Maria verwirklicht.

Papst Franziskus sieht das sehr tief: Die »Kirche und Maria gehören immer zusammen, und darin liegt gerade das Geheimnis der Frau in der Gemeinschaft der Kirche.« (Predigt vom 1. Januar 2015). Ebenso wenig wie man Jesus und Maria trennen könne, könne man Jesus und die Kirche voneinander trennen – eben weil Maria Kirche ist, weil sie ihr schlagendes, geschaffenes Herz ist, in dem Gott wohnt. Sie ist »voll der Gnade« (Lk 1,28) – so wie die Kirche in sich das Geheimnis des Herrn und seiner Gnadenfülle trägt und verschenkt.

Unsere Mutter

Die Heilige Schrift und der Glaube der Kirche kennen Menschen, die in sich identitätsstiftend für wachsende Gemeinschaften sind. Sie werden auch kollektive Personen genannt. So etwa die Stammväter Israels, aus denen die einzelnen Stämme des Volkes hervorgingen. So Jakob, der Stammvater selbst, dessen Name ebenso wie Israel ein Synonym ist für das ganze Volk Gottes. So Abraham, in dem das ganze Volk Gottes gesegnet ist. Ein ähnliches Phänomen kennen wir in der Geschichte der Kirche, sichtbar wird es beispielsweise an den großen Ordensgründern. Denken wir etwa an Theresa von Avila. Sie hat mit ihrer Weise, ihren Glauben zu leben und zu bezeugen, selbst zeugend gewirkt für eine große geistliche Familie durch viele Generationen hindurch. Es gibt sehr viele Menschen, die in der geistigen und geistlichen Nähe zu Theresa von Avila ihre eigene geistliche Heimat und damit auch eine Antwort auf die Frage nach ihrer Lebensberufung gefunden haben. Im Bild eines Baumes könnte man sagen: Menschen in der Kirche, die wie Theresa eine solch große Sendung geschenkt bekommen und verwirklicht haben, die sind in einem tiefen Sinn fruchtbar für Viele. Aus der Antwort Theresas auf den Anruf Gottes ist – im Bild gesprochen – ein großer Baum geworden, mit zahlreichen Ästen. Und das Schöne ist: Kein einzelner Ast ist eine Konkurrenz zum anderen Ast, sondern jeder ist einzigartig und hat sein eigens Wachsen und Gedeihen. In der Kirche wächst also eine Sendung aus anderen, tiefer liegenden oder weiter ausgreifenden Sendungen hervor. Ein Mensch gibt mit seinem Leben eine Antwort auf Gottes Anruf – und eröffnet damit im gelingenden Fall einen Raum, eine geistige Atmosphäre. Er strahlt aus. In dieser Atmosphäre können dann wiederum andere Menschen ihre eigene Antwort auf den Anruf Gottes finden und geben. Glaube zeugt sich fort.

Wenn wir beim Beispiel Theresas bleiben, verstehen wir, dass viele Christen, die in ihren Spuren gehen, sagen können: Theresa ist unsere Mutter, unsere geistige und geistliche Mutter. Ordensmänner der franziskanischen Familie sagen ähnliches von Franziskus. Er ist ihr Vater, er hat in seiner Zeugniskraft zeugend mitgewirkt an der Neugeburt von Menschen, die in seiner Nähe eine Antwort gefunden haben auf den Anruf Gottes. Dabei ist freilich klar, dass die Mutterschaft Theresas und die Vaterschaft des Franziskus jeweils abgeleitet sind. Der eigentliche Zeuger und Zeuge ist Gott, ist der Vater durch Christus im Heiligen Geist. Die Menschen, die sich ihm zur Verfügung stellen, werden aber transparent auf ihn hin. Sie eröffnen gewissermaßen für andere einen Wachstumsraum, in dem Gott in der Kraft seines Geistes wirksam wird. Deshalb steht auch die Vater- und Mutterschaft Theresas oder Franziskus wiederum selbst nicht anfangslos da. Auch sie verdanken ihre Sendung Zeuginnen und

Zeugen, die vor ihnen waren, in deren Spuren sie selbst als Jünger gehen lernen konnten. In der Kirche gehen Glaubensgeschichten, Sendungen, Aufträge, Berufungen, Lebenswege auseinander hervor. Und Menschen mit weit ausgreifenden, fruchtbaren Sendungen, haben mit ihrem Leben keine halbherzige Antwort gegeben auf das Heilsangebot Gottes in Christus. Sie haben sich ihm zur Verfügung gestellt – und haben immer mehr gelernt, es ganz zu tun, mit ganzem Herzen und ganzer Seele und ganzer Kraft. Bei ihnen konnten andere Gott kennen lernen, sie sind bei ihnen dem Herrn begegnet.

Wenn wir uns nun fragen, ob es in diesen Glaubensgeschichten und verschiedenen Sendungen einen Anfang gibt, eine erste, vollständige Antwort, ein ganzes Ja, dann wird uns mit einem Mal klar, dass diese Antwort, das ganze Ja, mit ihrem ganzen Leben, Maria gegeben hat. Sie ist der Anfang der Kirche. Sie war schon Kirche, noch bevor Petrus und die Apostel überhaupt auf den Plan getreten sind – und sie war bis zum Schluss am Kreuz, ja bis zum Pfingstereignis beim Herrn und bei den Jüngern. Maria ist deshalb in einem sehr tiefen Sinn die Mutter der Kirche, die Mutter unseres Glaubens – nicht weil sie es aus sich selbst wäre, sondern weil Gott sie dazu erwählt und ihr die Gnade geschenkt hat. Sie ist die geschaffene Antwort auf Gottes Kommen, sie ist die Sehnsucht der ganzen Schöpfung: eine Schöpfung, die so heil ist, dass Gott durch sie in die Schöpfung eintritt. Auch über dieses Geheimnis spricht der Papst immer neu, in sehr tiefen, klaren Worten, die er so erfrischend originell aus der Praxis seines Lebens als Seelsorger schöpft und aus seiner Liebe zur Frömmigkeit des einfachen Volkes. Die vielen Sendungen der Kirche, die vielen Antworten, die Menschen in der Kirche auf den Anruf Gottes gegeben haben, stehen in bestimmter Weise allesamt im »Ja« Mariens – und gehen aus ihm hervor.

Ein Traum Don Boscos von der Lehrerin

Als Salesianer Don Boscos ist mir häufig der Berufungstraum nachgegangen, den mein eigener Ordensvater immer wieder aus seiner Kindheit erzählt hat. Der etwa neunjährige Junge Johannes Bosco sieht sich im Traum inmitten einer Horde raufender und fluchender Buben – und versucht sie mit Faustschlägen und Geschrei zur Räson zu bringen. Auf einmal sieht er einen ehrfurchtgebietenden Mann mit leuchtendem Gesicht im weißen Mantel, der ihm sagt: »Nicht mit Schlägen, sondern mit Milde und Liebe sollst du sie zu Freunden gewinnen. Lehre sie gleich die Hässlichkeit der Sünde und die Schönheit der Tugend.« Der Junge sieht sich mit einer unerfüllbaren Forderung konfrontiert, der Mann sagt ihm deshalb, er möge gehorsam sein und lernen. Und er fügt hinzu: «Ich werde dir eine Lehrerin geben, unter deren Anleitung du klug werden kannst – und ohne die jedes Wissen töricht wird.« Der Junge erfährt noch indirekt, dass es sich bei der Lehrerin um die Mutter des Mannes handeln werde. Gleich danach sieht der junge Don Bosco eine majestätische Frau, gekleidet in einen leuchtenden Mantel. Sie nimmt ihn an der Hand, zeigt ihm ein Feld mit wilden Tieren und mahnt ihn: »Werde demütig, stark und widerstandsfähig«. Dann solle er das, was mit den wilden Tieren geschieht, auch für ihre Kinder tun. Don Bosco sieht sich darauf hin um und sieht, wie aus den wilden Tieren zahme Lämmer geworden sind, die voller Freude umher sprangen, so als wollten sie den geheimnisvollen Mann und seine Mutter feiern.

Den Inhalt dieses Traumes hat Don Bosco oft und oft erzählt. Ich selbst habe mich schon früh gefragt, wie es denn sein könne, dass die Mutter des Herrn die Lehrerin sei, wo er selbst doch der »Rabbi« ist im Evangelium, also derjenige, der sich selbst als den Lehrer schlechthin bezeichnet (Mt 23,10). Im Laufe meines geistlichen Weges ist mir aber immer deutlicher geworden, dass er selbst, der

Lehrer, uns die Kirche und in der Kirche seine Mutter geschenkt hat, als geistlichen Ort, in dem wir lernen, ihm dem geistlichen Lehrer schlechthin zu folgen. In der Kirche lernen wir immer neu und im gelingenden Fall immer tiefer verstehen, wer Christus ist, wie er zu uns ist. Wir lernen dieses Verstehen vor allem, indem wir Christus lieben. Aber wir lernen ihn nicht lieben außerhalb des Atemraumes, außerhalb der Atmosphäre der Gegenwart seiner Mutter. Wir müssen gewissermaßen »in die Kirche« gehen, wir müssen in ihre Nähe gehen, um von ihr und mit ihr zu lernen, ein liebendes Ja zu Jesus zu sagen, damit er immer mehr unser eigentlicher Lehrer werden kann.

Für Papst Franziskus ist die Barmherzigkeit das, was am besten zum Ausdruck bringt, was Gott für uns empfindet. Gott ist der barmherzige Vater schlechthin, der uns in Christus von allen Sünden befreit hat, der uns Umkehr schenkt, der uns hineinnimmt in sein Reich, in das Reich, in dem er der König ist. Und Maria ist als das Herz und der Ursprung der Kirche, die Mutter der Barmherzigkeit. Sie führt uns in die Nähe zu Jesus, an ihrer Seite werden wir befähigt, die unfassliche Größe und Tiefe der göttlichen Barmherzigkeit zu erahnen und an uns geschehen zu lassen. In ihrem »mir geschehe nach deinem Wort« (fiat, Lk 1,38), lernen wir auch unser »fiat« zu sprechen. Dankbar dürfen wir uns vom Papst diesen Weg immer neu zeigen lassen. Er geht an der Hand Mariens auf Jesus zu, auf den barmherzigen Vater. Und er nimmt uns dabei mit. Lassen wir uns mitnehmen und lassen wir uns ein! Gott segne Sie auf diesem geistlichen Weg.

Bischof Dr. Stefan Oster SDB

Die Mutter der Kirche

Im Gebet wenden wir uns an Maria,
die Mutter der Kirche und die Mutter unseres Glaubens.

Hilf, o Mutter, unserem Glauben!
Öffne unser Hören dem Wort,
damit wir die Stimme Gottes
und seinen Anruf erkennen.
Erwecke in uns den Wunsch,
seinen Schritten zu folgen,
indem wir aus unserem Land wegziehen
und seine Verheißung annehmen.
Hilf uns, dass wir uns von seiner Liebe anrühren lassen, damit
wir ihn im Glauben berühren können.
Hilf uns, dass wir uns ihm ganz anvertrauen,
an seine Liebe glauben, vor allem in den Augenblicken der Bedrängnis und des Kreuzes,
wenn unser Glaube gerufen ist zu reifen.
Säe in unseren Glauben die Freude des Auferstandenen.
Erinnere uns daran: Wer glaubt, ist nie allein.
Lehre uns, mit den Augen Jesu zu sehen,
dass er Licht sei auf unserem Weg;
und dass dieses Licht des Glaubens in uns immerfort wachse,
bis jener Tag ohne Untergang kommt,
Jesus Christus selbst, dein Sohn, unser Herr!

Gebet aus der Enzyklika Lumen Fidei

Michael Erhart, *Ravensburger Schutzmantelmadonna*

Immer mit Jesus vereint

Das Leben der heiligen Jungfrau Maria war das Leben einer Frau ihres Volkes: Maria betete, arbeitete, ging in die Synagoge... Aber jede Tätigkeit wurde stets in vollkommener Einheit mit Jesus verrichtet. Diese Einheit erreicht ihren Höhepunkt auf Golgota: Hier vereint sich Maria mit ihrem Sohn im Martyrium des Herzens und in der Hingabe des Lebens an den Vater für das Heil der Menschheit. Die Gottesmutter hat sich den Schmerz ihres Sohnes zu eigen gemacht und hat mit ihm den Willen des Vaters angenommen, in jenem fruchtbringenden Gehorsam, der den wahren Sieg über das Böse und über den Tod schenkt.

Diese Wirklichkeit, die Maria uns lehrt, ist sehr schön: immer mit Jesus vereint zu sein. Wir können uns fragen: Denken wir nur an Jesus, wenn etwas nicht stimmt und wir ihn brauchen, oder haben wir eine ständige Beziehung zu ihm, eine tiefe Freundschaft, auch wenn es darum geht, ihm auf dem Weg des Kreuzes nachzufolgen? Bitten wir den Herrn, dass er uns seine Gnade, seine Kraft schenke, damit sich in unserem Leben und im Leben einer jeden kirchlichen Gemeinschaft das Vorbild Marias, Mutter der Kirche, widerspiegelt. So sei es!

GENERALAUDIENZ, 23. OKTOBER 2013

»Mutter, Mama!«

Ich bin hier, um euch zu sagen, dass Jesus der Herr ist; dass Jesus nicht enttäuscht. »Vater«, könnte mir einer von euch sagen, »mich hat er enttäuscht, denn ich habe mein Haus verloren, habe meine Familie verloren, habe alles verloren, was ich besaß, und ich bin krank.« Es stimmt, was du mir sagst, und ich respektiere deine Gefühle. Doch ich sehe Ihn, ans Kreuz genagelt, und von dort aus enttäuscht er uns nicht. Auf diesem Thron wurde er geweiht, Herr zu sein, und dort machte er alle Plagen durch, die wir erleben. Jesus ist der Herr! Und er ist Herr vom Kreuz aus, dort herrschte er. Darum ist er fähig, mit uns mitzufühlen, wie wir in der ersten Lesung gehört haben: Er wurde in allem uns gleich. Darum haben wir einen Herrn, der fähig ist, mit uns zu weinen, der fähig ist, uns in den schwierigsten Momenten des Lebens zu begleiten.

Viele von euch haben alles verloren. Ich weiß nicht, was ich euch sagen soll. Er aber weiß, was er euch zu sagen hat! Viele von euch haben einen Teil ihrer Familie verloren. Mir bleibt nur das Schweigen. Ich bin bei euch mit schweigendem Herzen...

Viele von euch haben sich im Blick auf Christus gefragt: »Warum, Herr?« Und jedem gibt der Herr aus seinem Herzen eine Antwort ins Herz. Ich habe keine anderen Worte, die ich euch sagen könnte. Schauen wir auf Christus: Er ist der Herr, und er versteht uns, denn er hat all die Prüfungen durchgemacht, die über uns hereinbrechen. Und bei ihm am Kreuz stand seine Mutter. Wir sind wie dieser kleine Junge, der dort unten steht, da wir in den Momenten von Schmerz und Leid, in den Momenten, in denen wir nichts verstehen, in den Momenten, in denen wir uns auflehnen möchten, nur spontan die Hand ausstrecken, uns an ihrer Schürze festhalten und zu ihr sagen: »Mama!« Wie ein Kind, das in seiner Angst »Mama!« ruft. Das ist vielleicht das einzige Wort, das in jenen dunklen Momenten unsere Gefühle auszudrücken vermag: Mutter, Mama!

Halten wir miteinander einen Moment des Schweigens, schauen wir auf den Herrn. Er kann uns verstehen, denn er hat alle diese Dinge durchgemacht. Und schauen wir auf unsere Mutter, und klammern wir uns wie der kleine Junge, der da unten steht, an ihre Schürze und sagen wir in unserem Herzen zu ihr: »Mutter…«. Lasst uns schweigend dieses Gebet ausdrücken, und jeder sage ihr, was er empfindet… Wir sind nicht allein, wir haben eine Mutter, wir haben Jesus, unseren großen Bruder. Wir sind nicht allein. Und wir haben auch viele Brüder und Schwestern, die uns im Moment der Katastrophe zu Hilfe gekommen sind. Und auch wir selbst empfinden uns mehr als Geschwister…, die wir uns gegenseitig geholfen haben.

Das ist das Einzige, was in mir aufsteigt, um es euch zu sagen. Verzeiht mir, wenn ich keine weiteren Worte finde. Doch seid sicher, dass Jesus nicht enttäuscht; seid sicher, dass die Liebe und die Zärtlichkeit unserer Mutter nicht enttäuscht. Klammert euch an sie wie Kinder, und lasst uns mit der Kraft, die Jesus, unser großer Bruder, uns gibt, vorangehen. Machen wir uns als Geschwister auf den Weg.

PREDIGT BEI DER HEILIGEN MESSE IN TACLOBAN
WÄHREND DER APOSTOLISCHEN REISE
AUF DIE PHILIPPINEN, 17. JANUAR 2015

Die vollkommene Jüngerin

Heute kommen einem wieder die Worte in den Sinn, mit denen Elisabet ihren Segen über die heilige Jungfrau sprach: »Gesegnet bist du mehr als alle anderen Frauen, und gesegnet ist die Frucht deines Leibes. Wer bin ich, dass die Mutter meines Herrn zu mir kommt?« (Lk 1,42–43).
Dieser Segen steht in Kontinuität mit dem priesterlichen Segen, dessen Formel Gott dem Mose vorgegeben hatte, damit er sie an Aaron und an das ganze Volk weitergeben sollte: »Der Herr segne dich und behüte dich. Der Herr lasse sein Angesicht über dich leuchten und sei dir gnädig. Der Herr wende sein Angesicht dir zu und schenke dir Heil« (Num 6,24–26). Indem die Kirche das Hochfest der heiligen

Gottesmutter Maria feiert, erinnert sie uns daran, dass Maria die erste Empfängerin dieses Segens ist. In ihr findet er seine Erfüllung: Tatsächlich hat kein anderes Geschöpf das Angesicht Gottes über sich leuchten gesehen wie Maria, die dem ewigen Wort ein menschliches Antlitz gegeben hat, so dass wir alle es betrachten können.

Außer das Antlitz Gottes zu betrachten, können wir ihn auch loben und verherrlichen wie die Hirten, die mit einem Dankgesang von Bethlehem zurückkehrten, nachdem sie das Kind und seine junge Mutter gesehen hatten (vgl. Lk 2,16.20). Mutter und Sohn waren zusammen, wie sie auf Golgotha zusammen waren, denn Christus und seine Mutter sind nicht voneinander zu trennen: Zwischen ihnen besteht eine ganz enge Verbindung, wie zwischen jedem Kind und seiner Mutter. Das Fleisch Christi – der Angelpunkt unseres Heils (Tertullian) – wurde in Marias Schoß »gewoben« (vgl. Ps 139,13). Diese Untrennbarkeit kommt auch darin zum Ausdruck, dass Maria, die auserwählt war, die Mutter des Erlösers zu sein, seine gesamte Sendung innerlich mitgetragen hat, indem sie bis zum Ende auf dem Kalvarienberg an der Seite ihres Sohnes blieb.

Maria ist so mit Jesus vereint, weil sie ihn mit dem Herzen und im Glauben kannte – eine Kenntnis, die von der mütterlichen Erfahrung und der innigen Verbindung mit ihrem Sohn gespeist wurde. Die heilige Jungfrau ist die Frau des Glaubens, die Gott in ihrem Herzen, in ihren Plänen Raum gegeben hat; sie ist die Glaubende, die fähig war, in dem Geschenk des Sohnes die Ankunft jener »Fülle der Zeit« (vgl. Gal 4,4) zu erfassen, in der Gott den demütigen Weg des menschlichen Daseins wählte, um persönlich in die Bahn der Heilsgeschichte einzutreten. Darum kann man Jesus nicht ohne seine Mutter verstehen.

Ebenso untrennbar sind Christus und die Kirche – denn die Kirche und Maria gehören immer zusammen, und darin liegt gerade das Geheimnis der Frau in der Gemeinschaft der Kirche –, und man kann das von Jesus gewirkte Heil nicht begreifen, ohne die Mutterschaft der Kirche zu berücksichtigen. Jesus von der Kirche zu trennen, würde bedeuten, eine »absurde Zweiteilung« einführen zu wollen, wie der selige Paul VI. schrieb (vgl. Apostolisches Schreiben Evangelii nuntiandi, 16). Es ist nicht möglich, » Christus zu lieben, aber ohne die Kirche; auf Christus zu hören, aber nicht auf die Kirche; mit Christus zu sein, aber außerhalb der Kirche « (ebd.). Es ist ja gerade die Kirche, die große Familie Gottes, die uns Christus bringt. Unser Glaube ist keine abstrakte Lehre oder eine Philosophie, sondern er ist die lebendige und volle Beziehung zu einer Person: zu Jesus Christus, dem eingeborenen Sohn Gottes, der Mensch geworden, gestorben und auferstanden ist, um uns zu retten, und der in unserer Mitte lebendig ist. Wo können wir ihm begegnen? Wir begegnen ihm in der Kirche, in unserer heiligen hierarchischen Mutter Kirche. Es ist die Kirche, die heute sagt: »Seht das Lamm Gottes«; die Kirche ist es, die ihn verkündet; in der Kirche führt Jesus sein gnadenvolles Handeln in den Sakramenten fort.

Dieses Tun und diese Sendung der Kirche drückt ihre Mutterschaft aus. In der Tat ist sie wie eine Mutter, die Jesus mit zärtlicher Liebe hütet und ihn freudig und großherzig allen schenkt. Keine Offenbarung Christi, auch nicht eine noch so mystische, kann je vom Leib und Blut der Kirche, von der geschichtlichen Konkretheit der Leibes Christi losgelöst werden. Ohne die Kirche wird Jesus schließlich auf eine Idee, auf eine Moral, auf ein Gefühl reduziert. Ohne die Kirche wäre unsere Beziehung zu Christus unserer Fantasie, unseren Interpretationen, unseren Launen preisgegeben.

Jesus Christus ist der Segen für jeden Menschen und für die gesamte Menschheit. Indem die Kirche uns Jesus schenkt, bietet sie uns die Fülle des Segens des Herrn. Genau das ist die Sendung des Gottesvolkes: über alle Völker den in Jesus Christus menschgewordenen Segen Gottes auszustrahlen. Und Maria, die erste und vollkommene Jüngerin Jesu, die erste und vollkommene Glaubende, das Vorbild der pilgernden Kirche, ist diejenige, die diesen Weg der Mutterschaft der Kirche eröffnet und stets ihre mütterliche, an alle Menschen gerichtete Sendung unterstützt. Ihr taktvolles und mütterliches Zeugnis begleitet die Kirche von Anfang an. Sie, die Mutter Gottes, ist auch Mutter der Kirche, und durch die Kirche ist sie Mutter aller Menschen und aller Völker.

Möge diese liebenswürdige und fürsorgliche Mutter uns den Segen des Herrn für die gesamte Menschheitsfamilie erlangen. In besonderer Weise bitten wir heute, am Weltfriedenstag, um ihre Fürsprache, dass der Herr diesen unseren Tagen Frieden verleihe: Frieden in den Herzen, Frieden in den Familien, Frieden unter den Nationen. In diesem Jahr speziell lautet die Botschaft zum Weltfriedenstag: »Nicht mehr Knechte, sondern Brüder«. Alle sind wir berufen, frei zu sein, Söhne beziehungsweise Töchter zu sein, und jeder ist entsprechend seiner persönlichen Verantwortung berufen, gegen die modernen Formen der Sklaverei zu kämpfen. Aus allen Völkern, Kulturen und Religionen vereinen wir unsere Anstrengungen. Möge derjenige, der unser Diener geworden ist, um uns zu Brüdern und Schwestern zu machen, uns leiten und uns unterstützen.

PREDIGT BEI DER HEILIGEN MESSE AM HOCHFEST
DER GOTTESMUTTER MARIA, 1. JANUAR 2015

Unter dem Schutzmantel der Mutter

An diesem ersten Tag des Jahres, in der freudigen – wenngleich kalten – Atmosphäre von Weihnachten, lädt uns die Kirche ein, unseren Blick voll Glauben und Liebe auf die Mutter Jesu zu richten. In ihr, der demütigen Frau aus Nazaret, »[ist] das Wort Fleisch geworden und hat unter uns gewohnt« (Joh 1,14). Deshalb ist es unmöglich, die Betrachtung Jesu, des Wortes des Lebens, das sichtbar und berührbar geworden ist (vgl. 1 Joh 1,1), von der Betrachtung Marias zu trennen, die ihm ihre Liebe und ihr menschliches Fleisch geschenkt hat. Heute hören wir die Worte des Apostels Paulus: »Gott [sandte] seinen Sohn, geboren von einer Frau.« (Gal 4,4) Jenes »geboren von einer Frau« bringt in wesentlicher Weise und daher noch deutlicher die wahre Menschheit des Sohnes Gottes zum Ausdruck. Wie ein Kirchenvater, der heilige Athanasius, erklärt: »Der Heiland wurde vielmehr wirklich und wahrhaft Mensch, und dadurch wurde die Erlösung des ganzen Menschen bewirkt« (Brief an Epiktet, 7: PG 26). Doch der heilige Paulus fügt auch hinzu: »dem Gesetz unterstellt« (Gal 4,4). Mit diesem Ausdruck unterstreicht er, dass Christus das Menschsein angenommen und es so aus der verschlossenen legalistischen Denkart befreit hat. Wenn das Gesetz nämlich der Gnade beraubt wird, wird es zu einem unerträglichen Joch, und statt uns gut zu tun, schadet es uns. Jesus sagte: »Der Sabbat ist für den Menschen da, nicht der Mensch für den Sabbat«. Hier also liegt das Ziel, um dessentwillen Gott seinen Sohn auf die Erde geschickt hat, um Mensch zu werden: das Ziel der Befreiung, ja der Neuschöpfung. Der Befreiung, »damit er die freikaufe, die unter dem Gesetz stehen« (Gal 4,5); und der Loskauf geschah durch den Tod Christi am Kreuz. Doch vor allem der Neuschöpfung: »damit wir die Sohnschaft erlangen« (Gal 4,5). Aufgenommen in seinen Leib werden die Menschen wirklich zu Kindern Gottes. Dieser wunderbare Übergang vollzieht sich in uns mit der Taufe, die uns gleichsam als lebendige Glieder in Christus einpflanzt und in seine Kirche einfügt.

Zu Beginn eines neuen Jahres wird es uns gut tun, uns den Tag unserer Taufe in Erinnerung zu rufen: entdecken wir neu das in diesem Sakrament empfangene Geschenk, das uns zu neuem Leben erschaffen hat: dem göttlichen Leben. Und das geschieht durch die Mutter Kirche, die die Mutter Maria zum Vorbild hat. Durch die Taufe sind wir in die Gemeinschaft Gottes hineingenommen worden und nicht mehr in der Gewalt des Bösen und der Sünde, sondern wir empfangen die Liebe, die Zärtlichkeit, die Barmherzigkeit des himmlischen Vaters. Daher möchte ich noch einmal die Frage an euch richten: »Wer von euch erinnert sich an seinen Tauftag?« Für die, die sich nicht an das Datum ihrer Taufe erinnern, habe ich eine Hausaufgabe: sucht dieses Datum heraus und bewahrt es gut in eurem Herzen. Ihr könnt auch die Eltern, den Taufpaten, die Taufpatin, die Onkel und Tanten, die Großeltern dabei um Hilfe bitten. Der Tag, an dem wir getauft worden sind, ist ein Festtag! Erinnert euch an das Datum eurer Taufe oder sucht es heraus; das wird eine schöne Gelegenheit sein, um Gott für das Geschenk der Taufe zu danken.

Diese Nähe Gottes zu unserem Dasein schenkt uns den wahren Frieden: das göttliche Geschenk, um das wir besonders heute, am Weltfriedenstag, bitten wollen. Dort lese ich: »Der Friede ist immer möglich.« Immer ist Frieden möglich! Wir müssen ihn suchen... Und ich lese da weiter: »Gebet an der Wurzel des Friedens.« Das Gebet ist wirklich die Wurzel des Friedens. Der Friede ist immer möglich, und unser Gebet steht an der Wurzel des Friedens. Das Gebet lässt den Frieden aufkeimen. Heute am Weltfriedenstag rufen wir aus: »Nicht mehr Knechte, sondern Brüder«. Das ist die Botschaft für diesen Tag. Denn die Kriege machen uns zu Knechten, immer! Es ist eine Botschaft, die uns alle angeht. Alle sind wir berufen, jede Form der Sklaverei zu bekämpfen und Brüderlichkeit aufzubauen. Alle, jeder gemäß seiner Verantwortung. Und denkt gut daran: der Friede ist möglich! Und an der Wurzel des Friedens steht immer das Gebet. Lasst uns für den Frieden beten. Es gibt da auch jene schönen Schulen des Friedens, Schulen für den Frieden: wir müssen auf dem Weg dieser Erziehung zum Frieden weitergehen.

Maria, der Mutter Gottes und unserer Mutter, stellen wir unsere guten Vorsätze anheim. Sie bitten wir, den Mantel ihres mütterlichen Schutzes über uns und über alle Tage des neuen Jahres auszubreiten: »O heilige Gottesgebärerin, verschmähe nicht unser Gebet in unsern

Nöten, sondern erlöse uns jederzeit von allen Gefahren, o du glorreiche und gebenedeite Jungfrau.« Und ich lade euch alle ein, Maria heute als Mutter Gottes zu grüßen. Sie mit jenem Gruß zu grüßen: »Heilige Mutter Gottes!« Wie sie von den Gläubigen der Stadt Ephesus an den Anfängen des Christentums angerufen wurde, als sie am Eingang der Kirche ihren Hirten diesen an die Gottesmutter gerichteten Gruß zuriefen: »Heilige Mutter Gottes!« Alle gemeinsam, drei Mal, wiederholen wir: »Heilige Mutter Gottes«.

ANGELUS, 1. JANUAR 2015

Die eilige Helferin

Herr, du hast deine Mutter in unserer Mitte
zurückgelassen, damit sie uns begleite;
damit sie für uns sorge und uns auf unserem Weg,
in unserem Herzen und in unserem Glauben beschütze;
damit sie uns zu Jüngern mache, wie sie es war,
und zu Missionaren, wie sie es war;
damit sie uns lehre, auf die Straßen hinauszugehen;
damit sie uns lehre, aus uns selbst hinauszugehen.

Herr, wir wollen dieses Bild segnen,
das das Land durchwandern wird.
Möge die Jungfrau Maria uns mit ihrer Sanftmut
und mit ihrem Frieden den rechten Weg weisen.

Herr, du erregst Anstoß.
Du bist der Skandal des Kreuzes.
Ein Kreuz, das Demut und Sanftmut ist;
ein Kreuz, das zu uns von der Nähe Gottes spricht.

Wir wollen auch dieses Kreuz segnen,
das durch das Land ziehen wird.

Gebet am Ende der Begegnung mit jungen Argentiniern
in der Kathedrale von San Sebastián (25. Juli 2013)

Gnadenbild *Nuestra Señora de Luján*

Muttergottes von der schnellen Hilfe

Heute, zum Abschluss des Marienmonats, wird das Fest gefeiert, mit dem wir des Besuchs Mariens bei Elisabeth gedenken. Das Evangelium sagt uns, dass sie nach der Verkündigung durch den Engel in Eile aufgebrochen – sie hat keine Zeit verloren – und sofort zu ihr gegangen ist, um ihr zu dienen. Sie ist die »Jungfrau der schnellen Hilfe«, die »Muttergottes von der schnellen Hilfe«. Sie ist sofort bereit, uns zur Hilfe zu kommen, wenn wir zu ihr beten, wenn wir um ihre Hilfe, ihren Schutz für uns bitten. Erinnern wir uns in den vielen Momenten des Lebens, in denen wir ihre Hilfe und ihren Schutz brauchen, dass sie uns nicht warten lässt: sie ist die Muttergottes der schnellen Hilfe, sie macht sich sofort auf, um zu dienen.

Ansprache beim Rosenkranzgebet zum Abschluss
des Marienmonats in der Lourdes-Grotte
in den Vatikanischen Gärten, 31. Mai 2014

Uns nahe, ohne uns warten zu lassen

Der Pfarrer (Don Benoni Ambarus, Anm. d. Lektors) hat mich in seinen Worten an etwas Schönes von der Muttergottes erinnert. Als die Muttergottes gerade die Verkündigung empfangen hatte, dass sie die Mutter Jesu sein sollte, und auch die Verkündigung, dass ihre Cousine Elisabet ein Kind erwartete, eilte sie zu ihr, sagt uns das Evangelium; sie wartete nicht. Sie hat nicht gesagt: »Jetzt erwarte ich ein Kind, ich muss auf meine Gesundheit aufpassen. Meine Cousine wird einige Freundinnen haben, die ihr vielleicht helfen.« Sie spürte etwas und eilte. Es ist schön, dies von der Muttergottes zu denken, von unserer Mutter, die sich beeilt, weil sie dies in sich spürt: helfen. Sie geht, um zu helfen, und nicht um vor ihrer Cousine zu prahlen: »Hör mal, jetzt gebe ich hier den Ton an, denn ich bin die Mutter

Gottes!« Nein, das hat sie nicht getan. Sie ging hin, um zu helfen. Und die Muttergottes ist immer so. Sie ist unsere Mutter, die immer herbeieilt, wenn wir sie brauchen. Es wäre schön, zur Litanei an die Muttergottes eine Anrufung hinzuzufügen, die so lautet: »Frau, die herbeieilt, bitte für uns!« Das ist schön, nicht wahr? Weil sie sich immer beeilt, sie vergisst ihre Kinder nicht. Und wenn ihre Kinder in Schwierigkeiten sind, etwas brauchen und zu ihr rufen, dann eilt sie. Und das gibt uns eine Sicherheit, eine Sicherheit, die Mutter an unserer Seite, bei uns zu haben, immer. Im Leben geht man besser voran, wenn wir die Mutter in unserer Nähe haben. Denken wir an diese Gnade der Muttergottes, diese Gnade, die sie uns schenkt: uns nahe zu sein, aber ohne uns warten zu lassen. Immer! Sie hilft uns, vertrauen wir immer darauf! Die Muttergottes, die für uns immer in Eile ist.

Die Muttergottes hilft uns auch, Gott, Jesus gut zu verstehen, das Leben Jesu, das Leben Gottes gut zu verstehen, gut zu verstehen, was der Herr ist, wie der Herr ist, wer Gott ist. Euch Kinder frage ich: »Wer weiß, wer Gott ist?« Zeig auf. Ja? So! Schöpfer der Erde. Und wie viele ist Gott? Einer? Aber man hat mir gesagt, dass es drei gibt: Vater, Sohn und Heiliger Geist! Wie ist das zu erklären? Gibt es einen oder drei? Einer? Einer? Und wie erklärt man, dass einer der Vater ist, der andere der Sohn und der andere der Heilige Geist? Lauter, lauter! Das ist gut. Es sind drei in einem, drei Personen in einer. Und was tut der Vater? Der Vater ist der Ursprung, der Vater, der alles geschaffen hat, hat uns geschaffen. Was tut der Sohn? Was tut Jesus? Wer kann sagen, was Jesus tut? Er liebt uns? Und weiter? Er bringt das Wort Gottes! Jesus kommt, um uns das Wort Gottes zu lehren. Das ist sehr gut! Und dann? Was hat Jesus auf Erden getan? Er hat uns erlöst! Und Jesus ist gekommen, um sein Leben für uns hinzugeben. Der Vater erschafft die Welt; Jesus erlöst uns. Und was tut der Heilige Geist? Er liebt uns! Er gibt dir Liebe! Alle Kinder zusammen: Der Vater erschafft alle, er erschafft die Welt. Jesus erlöst uns. Und der

Heilige Geist? Er liebt uns! Und das ist das Leben als Christ: mit dem Vater sprechen, mit dem Sohn sprechen und mit dem Heiligen Geist sprechen. Jesus hat uns erlöst, aber er geht auch mit uns in unserem Leben. Ist das wahr?

Und wie geht er mit uns? Was tut er, wenn er mit uns geht in unserem Leben? Das ist schwierig. Wer das weiß, gewinnt das Derby. Was tut Jesus, wenn er mit uns geht in unserem Leben? Laut! Erstens: Er hilft uns. Er führt uns! Sehr gut! Er geht mit uns, er hilft uns, er führt uns und lehrt uns, voran zu gehen. Und Jesus gibt uns auch die Kraft zum Laufen. Stimmt das? Er stützt uns! Gut! In den Schwierigkeiten, nicht wahr? Und auch bei den Aufgaben in der Schule! Er stützt uns, hilft uns, führt uns, er stützt uns! Das ist es! Jesus geht immer mit uns. Das ist gut. Aber Jesus gibt uns Kraft. Wie gibt uns Jesus Kraft? Ihr wisst, wie er uns Kraft gibt! Laut, ich höre nichts! In der Kommunion gibt er uns Kraft, er hilft uns mit der Kraft. Er kommt zu uns. Aber wenn ihr sagt, »die Kommunion gibt sie uns«, ein Stück Brot gibt dir so viel Kraft? Ist das kein Brot? Ist es Brot? Das ist Brot, aber auf dem Altar, ist das Brot oder ist das kein Brot? Es ist der Leib Jesu. Jesus kommt in unser Herz. Das ist es, denken wir alle daran: Der Vater hat uns das Leben geschenkt, Jesus hat uns das Heil gebracht, er begleitet uns, führt uns, stützt uns, lehrt uns: Und der Heilige Geist? Was gibt uns der Heilige Geist? Er liebt uns! Er gibt uns Liebe. Denken wir so an Gott und bitten die Muttergottes, unsere Mutter, die immer in Eile ist, um uns zu helfen, dass sie uns lehren möge, gut zu verstehen, wie Gott ist: wie der Vater ist, wie der Sohn ist und wie der Heilige Geist ist.

Predigt bei der Heiligen Messe zum Dreifaltigkeitssonntag in der Pfarrei Heilige Elisabeth und Zacharias in Rom, 26. Mai 2013

Die Mutter des Hörens

Heute Abend haben wir mit dem Rosenkranz gemeinsam gebetet; wir haben einige Ereignisse des Weges Jesu, unseres Heils betrachtet, und wir haben dies mit derjenigen getan, die unsere Mutter ist, Maria, mit ihr, die uns mit sicherer Hand zu ihrem Sohn Jesus führt. Maria führt uns immer zu Jesus. Heute feiern wir das Fest der Heimsuchung Mariens, den Besuch der Jungfrau Maria bei ihrer Verwandten Elisabet. Ich möchte mit euch zusammen über dieses Geheimnis nachdenken, das zeigt, wie Maria ihren Lebensweg geht, mit großem Realismus, mit Menschlichkeit, mit Konkretheit. Drei Worte fassen die Haltung Mariens zusammen: Hören, Entscheidung, Handeln; Hören, Entscheidung, Handeln. Worte, die auch uns den Weg weisen angesichts dessen, worum uns der Herr in unserem Leben bittet. Hören, Entscheidung, Handeln.

Hören: Woraus entspringt diese Geste Mariens, zu ihrer Verwandten Elisabet zu gehen. Aus einem Wort des Engels Gottes: »Auch Elisabet, deine Verwandte, hat noch in ihrem Alter einen Sohn empfangen…« (Lk 1,36). Maria weiß auf Gott zu hören. Vorsicht: Es geht nicht um ein bloßes »Hören«, ein oberflächliches Hinhören, sondern dieses »Zuhören« besteht aus Aufmerksamkeit, Annahmebereitschaft, Verfügbarkeit gegenüber Gott. Es ist nicht die zerstreute Art und Weise, mit der wir zuweilen vor Gott oder mit anderen zusammen sind: wir hören die Worte, aber wir hören nicht wirklich zu. Maria ist aufmerksam für Gott, sie hört Gott zu. Aber Maria hört auch auf die Tatsachen, das heißt sie deutet die Ereignisse ihres Lebens, sie ist aufmerksam für die konkrete Wirklichkeit und bleibt nicht an der Oberfläche stehen, sondern geht in die Tiefe, um deren Bedeutung zu verstehen. Ihre Verwandte Elisabet, die schon betagt ist, erwartet einen Sohn: das ist die Tatsache. Aber Maria ist aufmerksam für die Bedeutung, sie weiß sie wahrzunehmen: »Denn für Gott ist nichts unmöglich« (Lk 1,37).

Das gilt auch für unser Leben: das Hören auf Gott, der zu uns spricht, und das Hören auf die tägliche Wirklichkeit, Aufmerksamkeit für die Menschen, die Tatsachen, weil der Herr an der Tür unseres Lebens steht und auf viele verschiedene Weisen anklopft, Zeichen auf unseren Weg stellt; und uns gibt er die Fähigkeit, sie zu sehen. Maria ist die Mutter des Hörens, des aufmerksamen Hörens auf Gott und des ebenso aufmerksamen Hörens auf die Ereignisse des Lebens.

Das zweite Wort: Entscheidung. Maria lebt nicht »in Eile«, in Sorge, sondern sie »bewahrte alles, was geschehen war, in ihrem Herzen« (Lk 2,19.51), wie der hl. Lukas betont. Und auch im entscheidenden Augenblick der Verkündigung des Engels fragt sie: »Wie soll das geschehen?« (Lk 1,34). Aber sie bleibt nicht beim Nachdenken stehen, sie geht einen Schritt weiter: sie entscheidet. Sie lebt nicht in Eile, sondern nur wenn es notwendig ist, »eilt sie«. Maria lässt sich nicht von den Ereignissen mitreißen, sie umgeht die Mühe der Entscheidung nicht. Und das geschieht sowohl bei der grundlegenden Entscheidung, die ihr Leben ändern sollte: »Ich bin die Magd des Herrn…« (Lk 1,38), als auch in den alltäglicheren Entscheidungen, die aber auch bedeutsam sind. Mir kommt das Ereignis der Hochzeit von Kana in den Sinn (vgl. Joh 2,1–11): auch hier sieht man den Realismus, die Menschlichkeit, die Konkretheit Mariens, die aufmerksam ist für die Tatsachen, die Probleme. Sie sieht und versteht die Schwierigkeit der beiden jungen Eheleute, denen der Festwein ausgeht, sie denkt nach und weiß, dass Jesus etwas tun kann, und sie entscheidet, sich an den Sohn zu wenden, damit er eingreife: »Sie haben keinen Wein mehr« (vgl. Joh 2,3). Sie entscheidet.

Im Leben ist es schwierig, Entscheidungen zu treffen. Häufig tendieren wir dazu, sie aufzuschieben, andere an unserer Stelle entscheiden zu lassen, häufig ziehen wir es vor, uns von den Ereignissen mitreißen zu lassen, der aktuellen Mode zu folgen. Manchmal wissen wir, was wir tun sollten, aber wir haben nicht den Mut dazu oder es erscheint uns zu schwierig, weil dies hieße gegen den Strom zu schwimmen. Maria schwimmt bei der Verkündigung, bei der Heimsuchung, bei der Hochzeit von Kana gegen den Strom, Maria geht gegen den Strom. Sie hört auf Gott, denkt nach und versucht die Wirklichkeit zu verstehen, und sie entscheidet, Gott vollkommen zu vertrauen; sie entscheidet, ihre betagte Verwandte zu besuchen, obwohl sie selbst ein Kind erwartet; sie entscheidet, sich beharrlich dem Sohn anzuvertrauen, um die Freude des Hochzeitsfestes zu retten.

Das dritte Wort: Handeln. Maria macht sich auf den Weg und »eilt…« (vgl. Lk 1,39). Am vergangenen Sonntag habe ich diese Handlungsweise Mariens unterstrichen: trotz der Schwierigkeiten, der Kritik, die sie wegen ihrer Entscheidung aufzubrechen wahrscheinlich einstecken musste, lässt sie sich von nichts aufhalten. Und hier bricht sie »eilig« auf. Im Gebet vor Gott, der spricht, beim Nachdenken und Meditieren über die Tatsachen ihres Lebens hat Maria keine Eile, sie lässt sich nicht vom Augenblick überwältigen, nicht von den Ereignissen mitreißen. Aber wenn ihr klar geworden ist, um was Gott sie bittet, was sie tun muss, dann zögert sie nicht, hält sie sich nicht auf, sondern »eilt«. Der hl. Ambrosius kommentiert: »die Gnade des Heiligen Geistes kennt keine Langsamkeit« (Expos. Evang. sec. Lucam II,19: PL 15,1560). Das Handeln Mariens ist eine Folge ihres Gehorsams gegenüber den Worten des Engels, aber verbunden mit der Liebe: sie geht zu Elisabet, um sich nützlich zu machen. Und bei diesem Hinausgehen aus ihrem Haus, aus sich selbst, aus Liebe, bringt sie das Kostbarste, das sie hat: Jesus; sie bringt den Sohn.

Zuweilen bleiben auch wir beim Hören stehen, beim Nachdenken über das, was wir tun sollten, vielleicht sehen wir auch klar die Entscheidung, die wir treffen müssten, aber wir machen nicht den Schritt zum Handeln. Und vor allem bringen wir uns nicht selbst ins Spiel, indem wir »mit Eile« auf die anderen zugehen, um ihnen unsere Hilfe, unser Verständnis, unsere Liebe zu bringen; damit auch wir wie Maria das Kostbarste bringen, was wir empfangen haben, Jesus und sein Evangelium, mit dem Wort und vor allem mit dem konkreten Zeugnis unseres Handelns. Maria, Frau des Hörens, der Entscheidung, des Handelns.

Maria, Frau des Hörens, lass unsere Ohren offen sein; lass uns das Wort deines Sohnes Jesus unter den tausend Worten dieser Welt heraushören; lass uns auf die Wirklichkeit, in der wir leben, hören, auf jeden Menschen, dem wir begegnen, und besonders auf den armen, den bedürftigen und den, der in Schwierigkeiten ist.

Maria, Frau der Entscheidung, erleuchte unseren Verstand und unser Herz, damit wir dem Wort deines Sohnes Jesus ohne Zögern zu gehorchen wissen; gib uns den Mut zur Entscheidung, dazu, uns nicht mitreißen zu lassen, so dass andere unser Leben bestimmen.
Maria, Frau des Handelns, lass unsere Hände und Füße zu den anderen »eilen«, um die Liebe deines Sohnes Jesus zu bringen, um wie du das Licht des Evangeliums in die Welt zu tragen. Amen.

Ansprache beim Rosenkranzgebet
zum Abschluss des Marienmonats, 31. Mai 2013

Revolutionärin der Zärtlichkeit

Es gibt einen marianischen Stil bei der missionarischen Tätigkeit der Kirche. Denn jedes Mal, wenn wir auf Maria schauen, glauben wir wieder an das Revolutionäre der Zärtlichkeit und der Liebe. An ihr sehen wir, dass die Demut und die Zärtlichkeit nicht Tugenden der Schwachen, sondern der Starken sind, die nicht andere schlecht zu behandeln brauchen, um sich wichtig zu fühlen. Wenn wir auf Maria schauen, sehen wir, dass diejenige, die Gott lobte, weil er »die Mächtigen vom Thron stürzt« und »die Reichen leer ausgehen lässt« (vgl. Lk 1,52.53), in unsere Suche nach Gerechtigkeit Geborgenheit bringt. Auch bewahrt sie sorgfältig »alles in ihrem Herzen und denkt darüber nach« (vgl. Lk 2,19). Maria weiß, die Spuren des Geistes Gottes in den großen Geschehnissen zu erkennen und auch in denen, die nicht wahrnehmbar scheinen. Sie betrachtet das Geheimnis Gottes in der Welt, in der Geschichte und im täglichen Leben von jedem und allen Menschen. Sie ist die betende und arbeitende Frau in Nazaret, und sie ist auch unsere Frau von der unverzüglichen Bereitschaft, die aus ihrem Dorf aufbricht, um den anderen »eilends« (vgl. Lk 1,39) zu helfen. Diese Dynamik der Gerechtigkeit und der Zärtlichkeit, des Betrachtens und des Hingehens zu den anderen macht Maria zu einem kirchlichen Vorbild für die Evangelisierung. Wir bitten sie, dass sie uns mit ihrem mütterlichen Gebet helfe, damit die Kirche ein Haus für viele werde, eine Mutter für alle Völker, und dass die Entstehung einer neuen Welt möglich werde. Der Auferstandene sagt uns mit einer Macht, die uns mit großer Zuversicht und fester Hoffnung erfüllt: » Seht, ich mache alles neu « (Offb 21,5). Mit Maria gehen wir vertrauensvoll diesem Versprechen entgegen.

Apostolisches Schreiben »Evangelii Gaudium«, Art. 288

Die Mutter der Familie

Barmherzige Jungfrau von Cobre,
Schutzpatronin Kubas!
Gegrüßt seist du, Maria, voll der Gnade!
Du bist die geliebte Tochter des Vaters,
die Mutter Christi, unseres Gottes,
der lebendige Tempel des Heiligen Geistes.

Du trägst in deinem Namen,
barmherzige Jungfrau,
die Erinnerung an den Gott, der die Liebe ist,
die Erinnerung an das neue Gebot Jesu,
die Erinnerung an den Heiligen Geist:
Liebe, die ausgegossen ist in unsere Herzen,
Feuer der Barmherzigkeit,
das an Pfingsten die Kirche entflammte,
Geschenk der vollkommenen Freiheit der Kinder Gottes.

Heilige Maria, Mutter Gottes und unsere Mutter!
Bitte für uns bei deinem Sohn Jesus Christus,
tritt für uns ein mit deinem mütterlichen Herzen,
das durchflutet ist von der Liebe des Heiligen Geistes.
Mehre unseren Glauben, belebe die Hoffnung,
steigere und stärke in uns die Liebe.

Beschütze unsere Familien,
behüte die Jugendlichen und die Kinder,
tröste die Leidenden.
Sei eine Mutter für die Gläubigen
und für die Hirten der Kirche,
du Vorbild und Stern der neuen Evangelisierung.

Gebet im Heiligtum »Virgen de la Caridad del Cobre«
(Santiago de Cuba), 21. September 2015

Martin Schongauer, *Madonna im Rosenhag*

»Wache über die Familien!«

Während wir uns anschicken, diese Feier zu beenden, wenden wir unsere Gedanken Maria zu, die genau hier in Bethlehem ihren Sohn Jesus zur Welt gebracht hat. Die heilige Jungfrau ist diejenige, die mehr als alle anderen Gott im menschlichen Antlitz Jesu betrachtet hat. Mit der Unterstützung des heiligen Josef hat sie ihn in Windeln gewickelt und in die Krippe gelegt.

Ihr vertrauen wir dieses Land an und alle, die darin wohnen, damit sie in Gerechtigkeit, Frieden und Brüderlichkeit leben können. Wir vertrauen ihr auch die Pilger an, die hierher kommen, um aus den Quellen des christlichen Glaubens zu schöpfen – von ihnen sind viele auch bei dieser heiligen Messe zugegen.

Wache, o Maria, über die Familien, über die Jugendlichen, über die alten Menschen. Wache über die, welche den Glauben und die Hoffnung verloren haben; tröste die Kranken, die Gefangenen und alle Leidenden; stehe den Hirten und der ganzen Gemeinschaft der Gläubigen bei, damit sie »Salz und Licht« in diesem gesegneten Land seien; unterstütze die Bildungseinrichtungen, besonders die Bethlehem University.

Indem ich hier in Bethlehem die heilige Familie betrachte, geht mein Denken spontan nach Nazareth, wohin ich mich hoffentlich, wenn es Gott gefällt, bei einer anderen Gelegenheit begeben kann. Von hier aus umarme ich die gläubigen Christen, die in Galiläa leben, und ermutige dazu, das Internationale Zentrum für die Familie in Nazareth zu verwirklichen.

Der heiligen Jungfrau vertrauen wir das Geschick der Menschheit an, damit sich in der Welt neue und verheißungsvolle Horizonte der Brüderlichkeit, der Solidarität und des Friedens öffnen.

Regina Coeli in Bethlehem während
der Pilgerreise ins Heilige Land, 25. Mai 2014

Der Nobelpreis für Mütter und Väter

Ein Herz, in dem die Liebe zu Gott wohnt, macht auch einen Gedanken ohne Worte oder eine Anrufung vor einem heiligen Bild oder einen an die Kirche gerichteten Kuss zum Gebet. Es ist schön, wenn Mütter ihre kleinen Kinder anleiten, Jesus oder der Gottesmutter einen Kuss zu senden. Wie viel Zärtlichkeit liegt darin! In jenem Augenblick wird das Herz der Kinder zum Ort des Gebets. Und das ist ein Geschenk des Heiligen Geistes. Wir dürfen nie vergessen, dieses Geschenk für jeden von uns zu erbitten! Denn der Geist Gottes sagt auf besondere Weise zu unseren Herzen: »Abba« – »Vater«. Er lehrt uns, »Vater« zu sagen, ebenso wie Jesus es gesagt hat, auf eine Weise, die wir allein niemals finden könnten (vgl. Gal 4,6). Dieses Geschenk des Heiligen Geistes ist in der Familie, die lernt, darum zu bitten und es wertzuschätzen. Wenn du es mit derselben Spontaneität lernst, mit der du lernst, »Papa« und »Mama« zu sagen, hast du es für immer gelernt. Wenn das geschieht, wird das ganze Familienleben vom Schoß der Liebe Gottes umfangen und sucht von sich aus die Zeit des Gebets.

Die Zeit in der Familie, das wissen wir gut, ist eine komplizierte und übervolle, geschäftige und sorgenvolle Zeit. Sie ist immer knapp, sie genügt nie, es gibt viele Dinge zu tun. Wer eine Familie hat, lernt schnell, eine Gleichung zu lösen, die nicht einmal die großen Mathematiker lösen können: In die 24 Stunden packt sie das Doppelte hinein! Es gibt Mütter und Väter, die dafür den Nobelpreis gewinnen könnten. Aus 24 machen sie 48 Stunden: Ich weiß nicht, wie sie es tun, aber sie rühren sich und tun es! Es gibt viel Arbeit in der Familie!

Der Geist des Gebets gibt Gott die Zeit zurück, kommt aus der Obsession eines Lebens heraus, dem immer die Zeit fehlt, findet wieder Frieden für die notwendigen Dinge und entdeckt die Freude unerwarteter Geschenke. Gute Vorbilder dafür sind die beiden Schwestern Marta und Maria, von denen das Evangelium spricht, das wir gehört haben. Sie lernen von Gott die Harmonie der familiären Rhythmen: die Schönheit des Festes, die Besonnenheit der Arbeit, den Geist des Gebets (vgl. Lk 10,38–42). Der Besuch Jesu, den sie liebhatten, war ihr Fest. Eines Tages lernte Marta jedoch, dass die Arbeit der Gastfreundschaft, so wichtig sie auch ist, nicht alles ist, sondern dass dem Herrn zuzuhören, wie Maria es tat, das wirklich Wesentliche war, »das Bessere« der Zeit. Das Gebet entspringt dem Hören auf Jesus, dem Lesen des Evangeliums. Vergesst nicht, jeden Tag einen Abschnitt des Evangeliums zu lesen.

Das Gebet entspringt der Vertrautheit mit dem Wort Gottes. Herrscht in unserer Familie diese Vertrautheit? Haben wir das Evangelium im Haus? Schlagen wir es manchmal auf, um gemeinsam darin zu lesen? Denken wir darüber nach, wenn wir den Rosenkranz beten? Das Evangelium, das in der Familie gelesen und betrachtet wird, ist gleichsam ein gutes Brot, das das Herz aller nährt. Und morgens und abends und wenn wir uns zu Tisch setzen, wollen wir lernen, gemeinsam ein ganz einfaches Gebet zu sprechen: Es ist Jesus, der zu uns kommt, wie er in die Familie von Marta, Maria und Lazarus ging. Eine Sache liegt mir sehr am Herzen; ich habe es in den Städten gesehen: Es gibt Kinder, die nicht gelernt haben, das Kreuzzeichen zu machen! Du, Mutter, Vater: Leite dein Kind an zu beten, das Kreuzzeichen zu machen: Das ist eine schöne Aufgabe der Mütter und der Väter! Im Gebet der Familie, in ihren starken Augenblicken und in ihren schwierigen Zeiten, sind wir einander anvertraut, damit jeder von uns in der Familie von der Liebe Gottes behütet ist.

Generalaudienz, 26. August 2015

Leuchtendes Bild der Familie

Während wir noch in die freudige Atmosphäre des Festes eingetaucht sind, lädt uns die Kirche an diesem ersten Sonntag nach Weihnachten ein, die Heilige Familie von Nazaret zu betrachten. Das Evangelium zeigt uns heute die Gottesmutter und den heiligen Josef in dem Augenblick, in dem sie sich vierzig Tage nach der Geburt Jesu zum Tempel von Jerusalem begeben. Sie tun dies in religiösem Gehorsam gegenüber dem Gesetz des Mose, das vorschreibt, dem Herrn den Erstgeborenen zu weihen (vgl. Lk 2,22–24).

Wir können uns diese kleine Familie vorstellen, mitten unter vielen Leuten, in den großen Vorhöfen des Tempels. Sie fällt nicht auf, sie unterscheidet sich nicht von den anderen… Und dennoch bleibt sie nicht unbemerkt! Zwei alte Menschen, Simeon und Hanna, treten vom Heiligen Geist bewegt näher und beginnen, Gott für dieses Kind zu preisen, in dem sie den Messias erkennen, Licht der Völker und Heil Israels (vgl. Lk 2,22–38). Es ist dies ein schlichter, aber an Prophetie reicher Augenblick: die Begegnung zwischen zwei jungen Brautleuten voller Freude und voller Glauben aufgrund der Gnadengaben des Herrn; und zwei alten Menschen, auch sie voller Freude und Glauben aufgrund des Wirkens des Geistes. Wer lässt sie einander begegnen? Jesus.

Jesus lässt sie aufeinandertreffen: die jungen und die alten Menschen. Jesus ist es, der die Generationen einander nahe bringt. Er ist der Quell jener Liebe, die die Familien und Menschen eint und jegliches Misstrauen, jegliche Einsamkeit, jegliche Ferne überwindet. Das lässt uns auch an die Großeltern denken: wie wichtig ist doch ihre Präsenz, die Präsenz der Großeltern! Wie kostbar ist ihre Rolle in den Familien und in der Gesellschaft! Die gute Beziehung zwischen den jungen und den alten Menschen ist entscheidend für den Weg der Zivilgesellschaft und der kirchlichen Gemeinschaft.

Und während wir auf diese beiden alten Menschen blicken, auf diese Großeltern – Simeon und Hanna –, grüßen wir von hier aus mit einem Applaus alle Großeltern der Welt. Die Botschaft, die aus der Heiligen Familie hervorgeht, ist vor allem eine Botschaft des Glaubens. Im Familienleben Marias und Josefs ist Gott wirklich der Mittelpunkt, und er ist es in der Person Jesu. Deshalb ist die Familie von Nazaret »heilig«. Warum? Weil sie Jesus zum Mittelpunkt hat. Wenn die Eltern und Kinder gemeinsam diese Atmosphäre des Glaubens atmen, besitzen sie eine Energie, die es ihnen ermöglicht, auch schweren Prüfungen entgegenzutreten, wie die Erfahrung der Heiligen Familie zeigt, zum Beispiel im dramatischen Ereignis der Flucht nach Ägypten: eine harte Prüfung.

Das Jesuskind bildet mit seiner Mutter Maria und dem heiligen Josef ein einfaches, aber sehr leuchtendes Bild der Familie. Das Licht, das es ausstrahlt, ist Licht der Barmherzigkeit und des Heils für die ganze Welt, Licht der Wahrheit für einen jeden Menschen, für die Menschheitsfamilie und für die einzelnen Familien. Dieses Licht, das der Heiligen Familie entspringt, ermutigt uns dazu, in jenen familiären Situationen menschliche Wärme anzubieten, in denen es aus verschiedenen Gründen an Frieden mangelt, an Harmonie mangelt, an Vergebung mangelt. Unsere konkrete Solidarität darf besonders gegenüber den Familien nicht fehlen, die aufgrund von Krankheiten, Arbeitslosigkeit, Diskriminierungen oder des Zwangs, ihr Land zu verlassen, schwerste Situationen durchleben. Und an dieser Stelle wollen wir ein wenig innehalten und in Stille beten für all diese Familien, die sich in Schwierigkeiten befinden, seien es Schwierigkeiten aufgrund von Krankheit, Arbeitslosigkeit, Diskriminierung, des Zwangs, ihr Land zu verlassen, seien es Schwierigkeiten, einander zu verstehen, oder auch der Uneinigkeit. In Stille wollen wir für alle diese Familien beten...

Maria, der Königin und Mutter der Familie, empfehlen wir alle Familien der Welt, damit sie im Glauben, in der Eintracht, in gegenseitigem Beistand leben können, und dafür erbitte ich für sie den mütterlichen Schutz derer, die Mutter und Tochter ihres Sohnes war.

Angelus zum Fest der Heiligen Familie von Nazareth, 28. Dezember 2014

Sind wir wie Maria und Josef?

Das Kind von Bethlehem ist zart wie alle Neugeborenen. Es kann nicht sprechen, und doch ist es das Wort, das Fleisch geworden und gekommen ist, um das Herz und das Leben der Menschen zu verändern. Jenes Kind ist wie alle Kinder schwach und bedarf der Hilfe und des Schutzes. Auch heute haben es die Kinder nötig, angenommen und geschützt zu werden – vom Mutterschoß an.

Leider gibt es in dieser Welt, welche die raffiniertesten Technologien entwickelt hat, noch viele Kinder, die unter unmenschlichen Bedingungen an den Peripherien der großen Städte oder in ländlichen Gebieten am Rande der Gesellschaft leben. Viele Kinder werden noch heute ausgebeutet, misshandelt, versklavt, sind Opfer von Gewalt und gesetzeswidrigem Handel. Zu viele Kinder sind heute aus der Heimat vertrieben und auf der Flucht, manchmal in den Meeren untergegangen, besonders in den Fluten des Mittelmeers. Für all das schämen wir uns heute vor Gott – vor Gott, der ein Kind geworden ist.

Und wir fragen uns: Wer sind wir vor dem Kind Jesus? Wer sind wir vor den Kindern von heute? Sind wir wie Maria und Josef, die Jesus aufnehmen und sich mit mütterlicher und väterlicher Liebe um ihn kümmern? Oder sind wir wie Herodes, der ihn beseitigen will? Sind wir wie die Hirten, die eilends gehen, die niederknien, um ihn anzubeten, und ihre bescheidenen Gaben darbringen? Oder sind wir gleichgültig? Sind wir etwa Phrasendrescher oder Frömmler, Menschen, welche die Bilder der armen Kinder zu Gewinnzwecken ausnutzen? Sind wir fähig, bei ihnen zu sein, »Zeit zu verlieren« mit ihnen? Verstehen wir es, ihnen zuzuhören, sie zu behüten, für sie und mit ihnen zu beten? Oder vernachlässigen wir sie, um uns mit unseren Geschäften zu befassen?

»Das soll uns als Zeichen dienen: Ihr werdet ein Kind finden…« Vielleicht weint jenes Kind; weint, weil es Hunger hat, weil es friert, weil es in den Armen liegen möchte… Auch heute weinen die Kinder, sie weinen viel, und ihr Weinen fragt uns an. In einer Welt, die täglich tonnenweise Nahrungsmittel und Medikamente wegwirft, gibt es Kinder, die vor Hunger oder aufgrund von Krankheiten, die leicht zu heilen wären, vergeblich weinen. In einer Zeit, die den Schutz der Minderjährigen proklamiert, werden Waffen gehandelt, die in den Händen von Kinder-Soldaten landen; werden Produkte gehandelt, die von kleinen Sklavenarbeitern verpackt sind. Ihr Weinen ist unterdrückt: Das Weinen dieser Kinder ist unterdrückt! Sie müssen kämpfen, müssen arbeiten, sie dürfen nicht weinen! Doch um sie weinen die Mütter, Rahel von heute: Sie beweinen ihre Kinder und wollen sich nicht trösten lassen (vgl. Mt 2,18).

»Das soll euch als Zeichen dienen: Ihr werdet ein Kind finden…« Das in Bethlehem geborene Jesuskind, jedes Kind, das in jedem Teil der Welt geboren wird und heranwächst, ist ein diagnostisches Zeichen, das uns erlaubt, den Gesundheitszustand unserer Familie, unserer Gemeinschaft, unserer Nation zu überprüfen. Aus dieser klaren und aufrichtigen Diagnose kann ein neuer Lebensstil hervorgehen, wo die Beziehungen nicht mehr durch Konflikt, Unterdrückung und Konsumismus bestimmt sind, sondern Beziehungen der Brüderlichkeit, der Vergebung und der Versöhnung, des Teilens und der Liebe sind.

Predigt bei der Heiligen Messe auf dem Krippenplatz in Bethlehem während der Pilgerreise ins Heilige Land, 25. Mai 2014

»Mutter, nimm die Zwietracht aus unseren Herzen!«

Sie stand dort unter dem Kreuz, während er den Preis für uns bezahlte, sie, seine Mutter. Und er sah Johannes an und schenkte sie uns allen als Mutter und ihr uns alle als Kinder. Sie ist unsere Mutter, und wir sind Brüder und Schwestern – väterlicherseits von Gott und mütterlicherseits von Maria her. Wir alle, die heute hierhergekommen und seit gestern früh unterwegs sind, und die, die erst heute Abend oder morgen Vormittag eintreffen werden. Wir kommen, um ein Bedürfnis zu artikulieren, das uns auf diese Szene des Evangeliums zurückverweist. »Mutter«, so sagen wir zu ihr, »wir haben das Bedürfnis, als Brüder und Schwestern zu leben.« Das ist nicht einfach, aber wir bitten sie von Herzen darum. »Mutter, wir brauchen das wie die Luft zum Atmen, wie das Wasser.« Mit diesem Anliegen sind wir heute hergekommen: dass es uns nicht an Geschwisterlichkeit fehlt; dass wir fähig sind, als Familie zu leben.

Und nun stellt euch vor, dass es unter dem Kreuz Jesu Menschen gegeben hat, die Zwietracht säten, die zu Jesus sagten: »Steig herab!«, und zu den anderen: »Seht ihr? Er steigt nicht herab: Er ist nicht Gott!« Das, was uns daran hindert, wie Brüder und Schwestern zu leben, ist die Zwietracht, der Neid, wie der Erzbischof es schon gesagt hat, und die Gewalt. »Mutter, nimm die Zwietracht aus unseren Herzen, nimm den Neid fort, nimm die Gewalt fort, denn wir sind darauf angewiesen, als Brüder zu leben.« Das sagen wir ihr heute. Schon im Augenblick des Kreuzes gab es solche, die Zwietracht säten, und es gab sie im Lauf der Geschichte immer wieder. Der Teufel verhält sich nicht still, er ist der Vater der Lüge, er ist der Vater der Zwietracht, der Vater der Spaltung, der Vater der Gewalt. Diesen Vater lieben wir nicht, denn dieser Vater macht uns nicht zu Geschwistern, sondern entzweit uns. »Mutter, wir sind darauf angewiesen, als Brüder und

Schwestern zu leben. Wir sind darauf angewiesen, uns zu erinnern, Mutter, uns daran zu erinnern, wie man das macht: als Brüder leben; vergessen wir nicht, wie man als Brüder lebt.« Möge sie uns die Gnade erwirken, uns zu erinnern, wie man als Geschwister lebt.

»Und von jener Stunde an«, so heißt es im Evangelium, »nahm sie der Jünger zu sich«, er kümmerte sich um sie. Er kümmerte sich um sie, und sie kümmerte sich um die Jünger. Vielleicht ist dies das häufigste Merkmal einer Familie: dass man sich umeinander kümmert. Und vielleicht ist dies auch das Merkmal, das uns als Brüder und Schwestern kennzeichnet: dass wir uns umeinander kümmern. Wie der Samariter, als er den Mann fand, der auf dem Weg von Jerusalem nach Jericho unter die Räuber gefallen war; er verband ihn, er lud ihn auf sein Lasttier, er brachte ihn in die Herberge, er kümmerte sich um ihn. »Uns umeinander kümmern. Mutter, lehre uns, uns so umeinander zu kümmern, wie du dich um uns kümmerst.« Darum bitten wir sie, auch heute.

Wir kommen, um diese Notwendigkeit zu artikulieren: keinen Wunsch, sondern eine Notwendigkeit: »Mutter, wir müssen als Brüder leben.« Und deshalb bitten wir sie, dass sie den Giftweizen der Zwietracht, des Neides, des Hasses, der Gewalt herausreißt, der vielleicht in unseren Herzen wuchert. »Mutter, wir müssen als Brüder leben.« Und deshalb bitten wir sie um die Gnade, uns daran zu erinnern, wie man als Brüder und Schwestern lebt. »Und deshalb bitten wir dich, Mutter, um die Gnade, uns umeinander kümmern zu können, denn wir alle, Mutter, sind deine leiblichen Kinder.«

Predigt, 32. Jugendwallfahrt nach Luján, 2006

Im Haus der Mutter

Wir sind im Haus unserer Mutter. Hier heißt sie uns bei sich daheim willkommen. In diesem Heiligtum Unserer Lieben Frau von Madhu kann sich jeder Pilger zu Hause fühlen, denn hier führt uns Maria in die Gegenwart ihres Sohnes Jesus. Hierher kommen die Bewohner Sri Lankas – Tamilen wie Singhalesen – als Mitglieder einer Familie. Maria empfehlen sie ihre Freuden und Sorgen, ihre Hoffnungen und Nöte an. Hier in ihrem Haus fühlen sie sich sicher. Sie wissen, dass Gott ganz nah ist, sie spüren seine Liebe, sie wissen um sein liebevolles Erbarmen – das liebevolle Erbarmen Gottes.

Heute sind auch Familien zugegen, die im langjährigen Konflikt, der das Herz Sri Lankas aufgerissen hat, schwer gelitten haben. Viele Menschen aus dem Norden wie aus dem Süden wurden in diesen Jahren der schrecklichen Gewalt und des Blutvergießens getötet. Kein Bewohner Sri Lankas kann die tragischen Ereignisse vergessen, die mit genau diesem Ort verbunden sind, oder den traurigen Tag, als die ehrwürdige Statue Mariens, die auf die Ankunft der ersten Christen in Sri Lanka zurückgeht, aus ihrem Heiligtum entfernt wurde.

Aber Unsere Liebe Frau bleibt immer bei euch. Sie ist die Mutter eines jeden Hauses, jeder verwundeten Familie, von allen, die danach streben, zu einem friedlichen Leben zurückzukehren. Heute danken wir ihr für die Bewahrung des Volkes von Sri Lanka vor so vielen Gefahren in der Vergangenheit und in der Gegenwart. Maria hat ihre Kinder auf dieser wunderschönen Insel nie vergessen. Wie sie keinen Augenblick von der Seite ihres Sohnes am Kreuz gewichen ist, so ist sie nie von der Seite ihrer leidenden sri-lankischen Kinder gewichen.

Heute wollen wir Unserer Lieben Frau für diese Gegenwart danken. Im Gefolge von so viel Hass, Gewalt und Zerstörung wollen wir ihr dafür danken, dass sie nicht aufhört, uns Jesus zu bringen, der allein die Macht hat, die offenen Wunden zu heilen und den gebrochenen Herzen Frieden zurückzugeben. Aber wir wollen sie auch darum bitten, für uns die Gnade der Barmherzigkeit Gottes zu erflehen. Wir bitten zugleich um die Gnade, Sühne zu leisten für unsere Sünden und für alles Böse, das dieses Land erfahren hat.

Das zu tun, ist nicht einfach. Doch nur wenn wir im Licht des Kreuzes zur Einsicht gelangen, zu welchem Übel wir fähig sind und an welchem wir sogar teilgenommen haben, können wir echte Reue und aufrichtige Buße erfahren. Nur dann können wir die Gnade erhalten, wirklich reumütig aufeinander zugehen und so echte Verzeihung anzubieten und zu suchen. In diesem schwierigen Bemühen, zu vergeben und Frieden zu finden, ist Maria immer da, um uns zu ermutigen, uns zu leiten und zu führen. So wie sie am Fuß des Kreuzes den Mördern ihres Sohnes vergab und damals seinen leblosen Leib in ihren Armen hielt, will sie nun die Bewohner Sri Lankas zu einer tieferen Versöhnung führen, damit der Balsam der Vergebung und des Erbarmens Gottes allen wahre Heilung bringe.

Liebe Brüder und Schwestern, ich freue mich, mit euch im Haus Mariens zu sein. Beten wir füreinander. Bitten wir vor allem, dass dieses Heiligtum immer ein Haus des Gebetes und eine Insel des Friedens sei. Auf die Fürsprache Unserer Lieben Frau von Madhu mögen alle Menschen hier erleuchtet und bestärkt werden, eine Zukunft der Versöhnung, der Gerechtigkeit und des Friedens für alle Kinder dieses geschätzten Landes aufzubauen.

Ansprache im Heiligtum Unsere Liebe Frau vom Rosenkranz
in Madhu auf Sri Lanka, 14. Januar 2015

Maria ist aufmerksam

Der Abschnitt des Evangeliums, den wir gerade gehört haben, ist das erste Wunderzeichen, das in der Erzählung des Johannesevangeliums geschieht. Die Sorge Marias wird zur Bitte an Jesus: »Sie haben keinen Wein mehr«, sagt sie zu ihm, und den Hinweis auf die »Stunde« wird man dann von den Berichten der Passion her verstehen.

Es ist gut, dass es so ist, denn dies erlaubt uns, das Verlangen Jesu, zu lehren, zu begleiten, zu heilen und zu erfreuen, von diesem Ruf seiner Mutter aus zu sehen: »Sie haben keinen Wein mehr«.

Die Hochzeit von Kana wiederholt sich in jeder Generation, bei jeder Familie, bei jedem von uns und unseren Wünschen, dass es unserem Herzen gelingen möge, Standfestigkeit zu finden in bleibender Liebe, fruchtbarer Liebe und froher Liebe. Geben wir Maria Raum, »der Mutter«, wie es der Evangelist sagt. Gehen wir mit ihr nun den Weg von Kana.

Maria ist aufmerksam, sie ist aufmerksam bei dieser Hochzeit, die schon begonnen hat; sie sorgt sich um die Bedürfnisse der Brautleute. Sie ist nicht geistesabwesend, nicht in ihre Welt versunken; ihre Liebe lässt sie »sein für« die anderen. Ebenso wenig geht sie zu den Freundinnen, um zu kommentieren, was gerade geschieht, und um die schlechte Vorbereitung der Hochzeit zu kritisieren. Und da sie aufmerksam und umsichtig ist, bemerkt sie, dass kein Wein vorhanden ist. Der Wein ist Zeichen für Freude, Liebe, Fülle. Wie viele unserer Kinder und Jugendlichen spüren, dass es diesen Wein in ihren Häusern schon eine Weile nicht mehr gibt. Wie viele Frauen, die allein und traurig sind, fragen sich, wann die Liebe erloschen ist, wann die Liebe aus ihrem Leben verschwunden ist. Wie viele alte Menschen fühlen sich bereits außerhalb des Festes ihrer Familien vernachlässigt und dass sie schon nicht mehr an der täglichen Liebe ihrer Kinder, Enkel und Urenkel laben. Ebenso kann das Fehlen dieses Weines eine Folge von Arbeitslosigkeit, von Krankheiten oder schwierigen Situationen sein, die unsere Familien auf der ganzen Welt durchmachen. Maria ist keine »Beschwerde«-Mutter, ebenso wenig ist sie eine Schwiegermutter, die wacht, um sich an unserer Unerfahrenheit, unseren Fehlern und Unachtsamkeiten zu freuen. Maria ist ganz einfach Mutter! Ja, sie ist aufmerksam und zuvorkommend. Es ist schön, dies zu hören: Maria ist Mutter! Habt ihr Lust, es alle gemeinsam mit mir zu sagen? Los: Maria ist Mutter! Noch einmal: Maria ist Mutter! Noch einmal: Maria ist Mutter!

Maria aber wendet sich in diesem Augenblick, in dem sie bemerkt, dass kein Wein mehr da ist, vertrauensvoll an Jesus. Das bedeutet, dass Maria betet. Sie geht zu Jesus, sie betet. Sie geht nicht zum Verantwortlichen für das Festmahl; sie unterbreitet die Schwierigkeit der Brautleute direkt ihrem Sohn. Die Antwort, die sie erhält, scheint entmutigend: »Was willst du von mir, Frau? Meine Stunde ist noch nicht gekommen« (Joh 2,4). Aber währenddessen hat sie schon das Problem in die Hände Gottes gelegt. Ihre Sorge für die Bedürfnisse der anderen beschleunigt die »Stunde« Jesu. Maria ist Teil dieser Stunde, von der Krippe bis zum Kreuz. Denn Maria, die »mit ein paar ärmlichen Windeln und einer Fülle zärtlicher Liebe einen Tierstall in das Haus Jesu zu verwandeln« verstand (Evangelii gaudium, 286), und uns als Kinder erhielt, als ein Schwert ihre Seele durchdrang, sie lehrt uns, unsere Familien in die Hände Gottes zu legen; sie lehrt uns zu beten und dabei die Hoffnung zu entfachen, die uns zeigt, dass unsere Sorgen auch die Sorgen Gottes sind.

Beten zieht uns immer aus dem Umfeld unserer Sorgen heraus, lässt uns über das, was uns schmerzt, was uns bewegt oder was uns selbst fehlt, hinausgehen und hilft uns, uns in die Haut der anderen zu versetzen, in ihre Schuhe zu schlüpfen. Die Familie ist eine Schule, in der das Gebet uns auch daran erinnert, dass es ein Wir gibt, dass es einen unmittelbaren, konkreten Nächsten gibt, der unter demselben Dach lebt, der unser Leben teilt und bedürftig ist.

Und schließlich handelt Maria. Die Worte »Was er euch sagt, das tut!« (Joh 2,5), die sie an die Diener richtet, sind eine Einladung auch an uns, uns Jesus zur Verfügung zu stellen, der gekommen ist, um zu dienen und nicht, um sich dienen zu lassen. Das Dienen ist das Kriterium der wahrhaftigen Liebe. Wer liebt, der dient, der stellt sich in den Dienst der anderen. Und dies lernt man besonders in der Familie, wo wir aus Liebe einander dienen. Im Schoß der Familie wird niemand ausgeschlossen; alle sind gleich wert. Ich erinnere mich, dass einmal meine Mutter gefragt wurde, welches ihrer fünf Kinder – wir sind fünf Geschwister – welches ihrer fünf Kinder sie mehr lieben würde. Und sie sagte: Es ist wie mit den Fingern, wenn sie mir in den stechen, tut es gleich weh, wie wenn sie mir in den stechen. Eine Mutter liebt ihre Kinder, wie sie sind. Und in einer Familie werden die Brüder und Schwestern geliebt, wie sie sind. Niemand wird ausgeschlossen.

Dort in der Familie lernt man, um Erlaubnis zu bitten, ohne andere zu überfahren, ‚danke' zu sagen als Ausdruck einer aufrichtigen Wertschätzung dessen, was wir empfangen, Aggressivität oder Unersättlichkeit zu beherrschen, und dort lernt man ebenso, um Verzeihung zu bitten, wenn wir irgendeinen Schaden angerichtet haben, wenn wir streiten. Denn in jeder Familie gibt es Reibereien. Die Frage ist dann, um Vergebung zu bitten. Diese kleinen Gesten ehrlicher Höflichkeit helfen, eine Kultur des Zusammenlebens und der Achtung gegenüber unserer Umgebung aufzubauen (vgl. Laudato si', 213). Die Familie ist das nächstgelegene Krankenhaus; wenn jemand krank ist, wird er dort gepflegt, solange man kann. Die Familie ist die erste Schule der Kinder, sie ist die unverzichtbare Bezugsgruppe für die jungen Menschen, sie ist das beste Heim für die alten Menschen. Die Familie bildet den großen »sozialen Reichtum«, den andere Einrichtungen nicht ersetzen können, der unterstützt und verstärkt werden muss, um niemals den rechten Sinn der Dienste zu verlieren, welche die Gesellschaft für ihre Bürger leistet. Denn diese Dienste, welche die Gesellschaft für die Bürger leistet, sind nicht eine Art Almosen, sondern eine echte »soziale Schuld« hinsichtlich der Institution der Familie, die das Fundament ist und die so viel zum Gemeinwohl aller beiträgt.

Die Familie bildet ebenso eine kleine Kirche, wir nennen sie eine »Hauskirche«, die mit dem Leben die Zärtlichkeit und Barmherzigkeit Gottes vermittelt. In der Familie mischt sich der Glaube mit der Muttermilch: Wenn man die Liebe der Eltern erfährt, spürt man die Liebe Gottes näher.

In der Familie – wir alle sind Zeugen dafür – geschehen die Wunder mit dem, was da ist, mit dem, was wir sind, mit dem, was einer zur Hand hat ... und oft ist es nicht das Ideal, nicht das, was wir erträumen oder was »sein sollte«. Es gibt ein Detail, das uns nachzudenken geben muss. Der neue Wein, dieser so gute Wein, wie der Verantwortliche für das Mahl auf der Hochzeit in Kana sagt, kommt aus den Krügen zur Reinigung, das heißt von dem Ort, wo alle ihre Sünde gelassen haben ... Er kommt von dem »Schlechten«, denn »wo jedoch die Sünde mächtig wurde, das ist die Gnade übergroß geworden« (Röm 5,20). Und in der Familie eines jeden von uns und in der gemeinsamen Familie, die wir alle bilden, wird nichts weggeworfen, ist nichts unnütz. Kurz vor Beginn des Heiligen Jahres der Barmherzigkeit wird die Kirche die Ordentliche Bischofssynode zur Familie feiern, um eine echte geistliche Unterscheidung reiflich zu überlegen und konkrete Lösungen und Hilfen zu finden für die vielen Schwierigkeiten und wichtigen Herausforderungen, denen sich die Familie heute stellen muss. Ich lade euch ein, euer Gebet in diesem Anliegen zu intensivieren, damit noch alles, was uns unrein erscheint, wie das Wasser in den Krügen, uns erregt oder erschreckt, Gott dadurch, dass er es durch seine »Stunde« hindurchgehen lässt, in ein Wunder verwandeln kann. Die Familie heute braucht dieses Wunder.

Und diese ganze Geschichte begann damit, weil es hieß: »Sie haben keinen Wein mehr«, und alles konnte geschehen, weil eine Frau – die Jungfrau Maria – aufmerksam war, ihre Sorgen in die Hände Gottes zu legen wusste und besonnen und mutig handelte. Aber es gibt ein Detail; das Ergebnis ist nicht geringer: sie kosteten den besten Wein. Und das ist die gute Nachricht: der beste Wein ist da, um geschöpft zu werden, das Angenehmste, Tiefste und Schönste für die Familie kommt noch. Die Zeit kommt, wo wir die tägliche Liebe kosten, wo unsere Kinder den Raum, den wir teilen, wieder entdecken, und die alten Leute bei der Freude jeden Tages zugegen sind. Der beste Wein ist in Erwartung, er kommt noch für jeden Menschen, der zu lieben wagt. Und in der Familie gibt es das: dass man die Liebe wagt, dass man zu lieben wagt. Und der beste der Weine kommt, wenn auch alle Prognosen und Statistiken das Gegenteil behaupten. Der beste Wein kommt zu denen, die heute alles zusammenbrechen sehen. Murmelt es, bis man es glaubt: der beste Wein kommt noch. Murmelt es ein jeder in seinem Herzen: der beste Wein kommt noch. Flüstert es den Verzweifelten und Lieblosen ins Ohr: Habt Geduld, habt Hoffnung, macht es wie Maria, betet, handelt, öffnet das Herz, den der beste der Weine ist dabei zu kommen. Gott nähert sich immer den Peripherien derer, die ohne Wein geblieben sind, die nur Mutlosigkeit zu trinken haben. Jesus hat eine Schwäche dafür, den besten Wein mit denen zu verschwenden, die aus dem einen oder anderen Grund schon spüren, dass sie alle Krüge zerbrochen haben.

Wie Maria uns einlädt, tun wir, »was der Herr uns sagt«. Tut, was der Herr euch sagt. Und danken wir, dass hier in unserer Zeit und unserer Stunde der neue, der beste Wein uns die Freude der Familie, die Freude, in einer Familie zu leben, wieder erfahren lässt.

Predigt bei der Heiligen Messe im Parque de los Samanes
in Guayaquil (Ecuador), 6. Juli 2015

Der Stern der Evange-lisierung

Jungfrau und Mutter Maria,
vom Heiligen Geist geführt
nahmst du das Wort des Lebens auf,
in der Tiefe deines demütigen Glaubens
ganz dem ewigen Gott hingegeben.
Hilf uns, unser » Ja « zu sagen
angesichts der Notwendigkeit, die dringlicher ist denn je,
die Frohe Botschaft Jesu erklingen zu lassen.

Erwirke uns nun einen neuen Eifer als Auferstandene,
um allen das Evangelium des Lebens zu bringen,
das den Tod besiegt.
Gib uns den heiligen Wagemut, neue Wege zu suchen,
damit das Geschenk der Schönheit, die nie erlischt,
zu allen gelange.

Stern der neuen Evangelisierung,
hilf uns, dass wir leuchten
im Zeugnis der Gemeinschaft,
des Dienstes, des brennenden und hochherzigen Glaubens,
der Gerechtigkeit und der Liebe zu den Armen,
damit die Freude aus dem Evangelium
bis an die Grenzen der Erde gelange
und keiner Peripherie sein Licht vorenthalten werde.

Gebet aus dem Apostolischen Schreiben »Evangelii Gaudium«

Theophanes der Grieche, *Heilige Mutter vom Don*

Mutter des lebendigen Evangeliums

Zusammen mit dem Heiligen Geist ist mitten im Volk immer Maria. Sie versammelt die Jünger, um ihn anzurufen (Apg 1,14), und so hat sie die missionarische Explosion zu Pfingsten möglich gemacht. Maria ist die Mutter der missionarischen Kirche, und ohne sie können wir den Geist der neuen Evangelisierung nie ganz verstehen.

Am Kreuz, als Jesus in seinem Fleisch die dramatische Begegnung zwischen der Sünde der Welt und dem Erbarmen Gottes erlitt, konnte er zu seinen Füßen die tröstliche Gegenwart seiner Mutter und seines Freundes sehen. In diesem entscheidenden Augenblick, ehe er das Werk vollbrachte, das der Vater ihm aufgetragen hatte, sagte Jesus zu Maria: »Frau, siehe, dein Sohn!« Dann sagte er zum geliebten Freund: »Siehe, deine Mutter!« (Joh 19,26.27). Diese Worte Jesu an der Schwelle des Todes drücken in erster Linie nicht eine fromme Sorge um seine Mutter aus, sondern sind vielmehr eine Aussage der Offenbarung, die das Geheimnis einer besonderen Heilssendung zum Ausdruck bringt. Jesus hinterließ uns seine Mutter als unsere Mutter. Erst nachdem er das getan hatte, konnte Jesus spüren, dass »alles vollbracht war« (Joh 19,28). Zu Füßen des Kreuzes, in der höchsten Stunde der neuen Schöpfung führt uns Christus zu Maria. Er führt uns zu ihr, da er nicht will, dass wir ohne eine Mutter gehen, und das Volk liest in diesem mütterlichen Bild alle Geheimnisse des Evangeliums. Dem Herrn gefällt es nicht, dass seiner Kirche das weibliche Bild fehlt. Maria, die ihn in großem Glauben zur Welt brachte, begleitet auch »ihre übrigen Nachkommen, die den Geboten Gottes gehorchen und an dem Zeugnis für Jesus festhalten« (Offb 12,17). Die innere Verbindung zwischen Maria, der Kirche und jedem Gläubigen, insofern sie auf verschiedene Art und Weise Christus hervorbringen, wurde vom seligen Isaak von Stella sehr schön zum Ausdruck gebracht: »Was daher in den von Gott inspirierten

Schriften von der jungfräulichen Mutter Kirche in umfassendem Sinn gesagt wird, das gilt von der Jungfrau Maria im Einzelnen. [...] Leicht erkennt der Verstand in beiden auch die glaubende Seele, die Braut des Wortes Gottes, die Mutter Christi, Tochter und Schwester, Jungfrau und fruchtbare Mutter. [...] Im Mutterschoß Marias als seinem Zelt weilte Christus neun Monate; im Zelt der glaubenden Kirche bis ans Ende der Welt; in der Erkenntnis und Liebe der glaubenden Seele bleibt er auf ewig.«

Maria versteht es, mit ein paar ärmlichen Windeln und einer Fülle zärtlicher Liebe einen Tierstall in das Haus Jesu zu verwandeln. Sie ist die Magd des Vaters, die in Lobpreis ausbricht. Sie ist die Freundin, die stets aufmerksam ist, dass der Wein in unserem Leben nicht fehlt. Sie, deren Herz von einem Schwert durchdrungen wurde, versteht alle Nöte. Als Mutter von allen ist sie Zeichen der Hoffnung für die Völker, die Geburtswehen leiden, bis die Gerechtigkeit hervorbricht. Sie ist die Missionarin, die uns nahe kommt, um uns im Leben zu begleiten, und dabei in mütterlicher Liebe die Herzen dem Glauben öffnet. Als wahre Mutter geht sie mit uns, streitet für uns und verbreitet unermüdlich die Nähe der Liebe Gottes. Durch die verschiedenen marianischen Anrufungen, die gewöhnlich mit den Heiligtümern verbunden sind, teilt sie die Geschichte jedes Volkes, das das Evangelium angenommen hat, und wird zu einem Teil seiner geschichtlichen Identität. Viele christliche Väter bitten darum, dass ihre Kinder in einem Marienheiligtum getauft werden, und zeigen damit ihren Glauben an das mütterliche Wirken Marias, die für Gott neue Kinder hervorbringt. Dort in den Heiligtümern kann man beobachten, wie Maria ihre Kinder um sich versammelt, die unter großer Anstrengung als Pilger kommen, um sie zu sehen und von ihr gesehen zu werden. Hier finden sie die Kraft Gottes, um die Leiden und Mühen des Lebens zu ertragen. Wie dem heiligen Juan Diego gibt sie ihnen mit zärtlicher Liebe ihren mütterlichen Trost und flüstert ihnen zu: »Dein Herz beunruhige sich nicht [...] Bin denn ich, die ich doch deine Mutter bin, etwa nicht hier?«

Die Mutter des lebendigen Evangeliums bitten wir um ihre Fürsprache, dass diese Einladung zu einer neuen Phase der Verkündigung des Evangeliums von der ganzen Gemeinschaft der Kirche angenommen werde. Sie ist die Frau des Glaubens, die im Glauben lebt und unterwegs ist, und »ihr außergewöhnlicher Pilgerweg des Glaubens stellt so einen bleibenden Bezugspunkt dar für die Kirche«. Sie ließ sich vom Heiligen Geist auf einem Weg des Glaubens zu einer Bestimmung des Dienstes und der Fruchtbarkeit führen. Heute richten wir unseren Blick auf sie, dass sie uns helfe, allen die Botschaft des Heils zu verkünden, und dass alle neuen Jünger zu Verkündern des Evangeliums werden. Auf diesem Pilgerweg der Evangelisierung fehlen nicht die Phasen der Trockenheit, des Dunkels bis hin zu mancher Mühsal, wie sie Maria während der Jahre in Nazaret erlebt hat, als Jesus heranwuchs: »Dieser ist der Anfang des Evangeliums, der guten, frohen Botschaft. Es ist aber nicht schwer, in jenem Anfang auch eine besondere Mühe des Herzens zu erkennen, die mit einer gewissen »Nacht des Glaubens« verbunden ist – um ein Wort des heiligen Johannes vom Kreuz zu gebrauchen –, gleichsam ein »Schleier«, durch den hindurch man sich dem Unsichtbaren nahen und mit dem Geheimnis in Vertrautheit leben muss. Auf diese Weise lebte Maria viele Jahre in Vertrautheit mit dem Geheimnis ihres Sohnes und schritt voran auf ihrem Glaubensweg.«

APOSTOLISCHES SCHREIBEN »EVANGELII GAUDIUM«, ART. 284 – 287

Zeichen des göttlichen Besuches

Das Evangelium, das wir gehört haben, stellt uns eine Bewegung vor Augen, die der Herr jedes Mal hervorruft, wenn er uns besucht. Er zieht uns aus dem Haus heraus. Das sind Bilder, die zu betrachten wir immer wieder eingeladen sind. Die Gegenwart Gottes in unserem Leben lässt uns niemals in Ruhe, stets drängt sie uns zur Bewegung. Wenn Gott uns besucht, zieht er uns immer aus dem Haus heraus. Wir werden besucht, um zu besuchen, getroffen, um andere zu treffen, geliebt, um zu lieben.

Und hier sehen wir Maria, die erste Jüngerin. Ein junges Mädchen, vielleicht zwischen 15 und 17 Jahren, das in einem Dorf Palästinas vom Herrn besucht wurde, der ihr verkündete, sie werde die Mutter des Heilands sein. Weit davon entfernt, sich etwas darauf einzubilden und zu meinen, das ganze Volk müsse sie nun beachten oder ihr dienen, geht sie aus dem Haus und macht sich auf den Weg, um zu dienen. Sie bricht auf, um ihrer Cousine Elisabet zu helfen. Die Freude, die aus dem Wissen entspringt, dass Gott mit uns, mit unserem Volk ist, weckt das Herz, setzt uns in Bewegung, »zieht uns nach draußen« und führt uns dazu, die empfangene Freude zu teilen, und sie in Form eines Dienstes, einer selbstlosen Hingabe zu teilen angesichts all der unangenehmen Situationen, die unsere Nachbarn oder Verwandten erleben mögen. Das Evangelium sagt uns, dass Maria eilte, bedächtigen aber beständigen Schrittes – mit Schritten, die wissen, wohin sie gehen, Schritten, die weder hastig sind, um schnell »einzutreffen«, noch sich allzu träge hinziehen, gleichsam um nie »anzukommen«. Maria eilt – weder hektisch, noch schläfrig –, um ihrer Kusine beizustehen, die im Alter schwanger ist. Maria, die erste Jüngerin, ist besucht worden und aufgebrochen, um zu besuchen. Und von diesem ersten Tag an ist dies immer ihre besondere Eigenschaft gewesen. Sie war die Frau, die so viele Männer und Frauen, Kinder, alte Menschen und Jugendliche besucht hat. Sie hat es verstanden, viele unserer Völker in den dramatischen Situationen ihres Werdens zu besuchen und zu begleiten; sie beschirmte den Kampf all derer, die für die Verteidigung der Rechte ihrer Kinder litten. Und jetzt bringt sie uns immer noch unablässig das Wort des Lebens, ihren Sohn, unseren Herrn.

Auch dieses Land hat den Besuch ihrer mütterlichen Gegenwart erfahren. Die kubanische Heimat entstand und wuchs in der Wärme der Verehrung der Barmherzigen Jungfrau. »Sie hat der kubanischen Seele eine eigene und besondere Gestalt verliehen«, schrieben die Bischöfe dieses Landes, »und die höchsten Ideale der Liebe zu Gott, zur Familie und zur Heimat im Herzen der Kubaner erweckt.«
Das haben auch eure Landsleute vor hundert Jahren zum Ausdruck gebracht, als sie Papst Benedikt XV. baten, die Barmherzige Jungfrau zur Patronin Kubas zu erklären. Sie schrieben damals:

»Weder Unheil, noch Entbehrung konnten den Glauben und die Liebe auslöschen, die unser katholisches Volk für diese Jungfrau hegt, sondern in den schwersten Schicksalsschlägen des Lebens, wenn der Tod schon vor Augen stand und man der Verzweiflung am nächsten war, erschien immer wie ein Licht, das alle Gefahr auflöste, wie ein tröstender Tau ... die Vision dieser Heiligen Jungfrau, die eine Kubanerin sondergleichen ist ... denn so liebten sie unsere unvergesslichen Mütter, so preisen sie unsere Frauen.« Das schrieben sie vor hundert Jahren.

In diesem Heiligtum, das die Erinnerung des gläubigen heiligen Gottesvolkes in Kuba bewahrt, wird Maria als Mutter der Barmherzigkeit verehrt. Von hier aus wacht sie über unsere Wurzeln, über unsere Identität, damit wir uns nicht auf Wegen der Verzweiflung verlieren. Die Seele des kubanischen Volkes wurde, wie wir gerade gehört haben, in Schmerzen und Entbehrungen geschmiedet, die jedoch den Glauben nicht auszulöschen vermochten. Dieser Glaube überlebte dank der vielen Großmütter, die im heimischen Alltag weiter die lebendige Gegenwart Gottes möglich machten – die Gegenwart des himmlischen Vaters, die befreit, stärkt, heilt, Mut verleiht und die ein sicherer Zufluchtsort sowie ein Zeichen einer neuen Auferstehung ist. Großmütter, Mütter und viele andere, die mit Zärtlichkeit und Liebe – wie Maria – ein Zeichen eines göttlichen »Besuches« waren, ein Zeichen des Mutes und des Glaubens für ihre Enkelkinder und in ihren Familien. Sie hielten einen Spalt offen, so klein wie ein Senfkorn, durch den der Heilige Geist weiter das pulsierende Leben seines Volkes begleitete.

Und »jedes Mal, wenn wir auf Maria schauen, glauben wir wieder an das Revolutionäre der Zärtlichkeit und der Liebe« (Evangelii gaudium, 288). Von Generation zu Generation, von Tag zu Tag sind wir eingeladen, unseren Glauben zu erneuern; sind wir eingeladen, die Revolution der Zärtlichkeit zu leben wie Maria, die Mutter der Barmherzigkeit. Wir sind eingeladen, »aus dem Haus zu gehen«, die Augen und das Herz für die anderen offen zu halten. Unsere Revolution nimmt den Weg über die Zärtlichkeit, über die Freude, die immer zu Nähe, immer zu Mitgefühl wird – was nicht ein Bedauern, sondern ein Mit-Leiden ist, um zu befreien – und die uns dazu führt, uns in das Leben der anderen einzubringen, um zu dienen. Unser Glaube lässt uns aufbrechen und auf die anderen zugehen, um Freude und Heiterkeit, Hoffnung und Frustration miteinander zu teilen. Unser Glaube zieht uns aus dem Haus heraus, um den Kranken, den Gefangenen, den Weinenden zu besuchen und den, der auch versteht, mit den Lachenden zu lachen und sich zu freuen an der Fröhlichkeit der Nachbarn. Wie Maria wollen wir eine Kirche sein, die dient, die aufbricht, die aus ihren Kirchen herausgeht, die aus ihren Sakristeien herausgeht, um das Leben zu begleiten, die Hoffnung zu unterstützen und Zeichen der Einheit eines noblen und würdigen Volkes zu sein.

Wie Maria, die Mutter der Barmherzigkeit, wollen wir eine Kirche sein, die aufbricht, um Brücken zu spannen, Mauern zu durchbrechen und Versöhnung auszusäen. Wie Maria wollen wir eine Kirche sein, die – engagiert im Leben, in der Kultur, in der Gesellschaft – alle unangenehmen Situationen unserer Mitmenschen zu begleiten versteht. Wir wollen uns nicht davonschleichen, sondern mit unseren Brüdern und Schwestern mitgehen, alle gemeinsam. Alle gemeinsam dienend und helfend. Alle – Kinder Gottes, Kinder Marias, Söhne und Töchter dieses edlen kubanischen Landes.

Das ist unser kostbarstes »Kupfer« – »El Cobre« –, das ist unser größter Reichtum und das beste Erbe, das wir hinterlassen können: wie Maria aufzubrechen über die Pfade des Besuches. Und zu lernen, mit Maria zu beten, denn ihr Gebet ist Gedenken und Dankbarkeit zugleich; es ist der Gesang des Gottesvolkes, das durch die Geschichte pilgert. Es ist die lebendige Erinnerung daran, dass Gott in unserer Mitte wandelt; die ständige Erinnerung daran, dass Gott auf die Niedrigkeit seines Volkes geschaut hat, dass er sich seines Knechtes angenommen hat, wie er unseren Vätern verheißen hat und seinen Nachkommen auf ewig (vgl. Lk 1,48.54f).

Predigt bei der Heiligen Messe in der Basilica minor des Heiligtums »Virgen de la Caridad del Cobre«, Santiago de Cuba, 22. September 2015

Die Jungfrau und Himmelskönigin

O Maria, unsere Mutter,
heute verehrt dich das feiernde Volk
als die Unbefleckte,
die von jeher von der Ansteckung durch die Sünde
bewahrt worden ist.

Die Macht der Liebe Gottes,
der dich vor der Erbsünde bewahrt hat,
befreie durch deine Fürsprache die Menschheit
von jeder geistlichen und materiellen Knechtschaft
und lasse in den Herzen und in den
Ereignissen den Heilsplan Gottes siegen.

Bewirke, dass auch in uns, deinen Kindern,
die Gnade stärker ist als der Stolz,
so dass wir barmherzig werden können,
wie unser Vater im Himmel barmherzig ist.

Lehre uns in dieser Zeit, die uns zum Fest der Geburt Jesu
führt, gegen den Strom zu schwimmen:
uns zu entäußern, uns zu erniedrigen, uns zu schenken,
zu hören, in der Stille zu sein,

uns selbst aus dem Mittelpunkt zu nehmen,
um der Schönheit Gottes Raum zu lassen,
Quell der wahren Freude.

Gebet zum Hochfest der ohne Erbsünde empfangenen Jungfrau und Gottesmutter Maria auf dem Spanischen Platz in Rom, 8. Dezember 2014

Stefan Lochner, *Madonna im Rosenhag*

Die Tochter Sion

Im Gleichnis vom Sämann überliefert uns der heilige Lukas die folgenden Worte, mit denen der Herr die Bedeutung des »guten Bodens« erklärt: »Auf guten Boden ist der Samen bei denen gefallen, die das Wort mit gutem und aufrichtigem Herzen hören, daran festhalten und durch ihre Ausdauer Frucht bringen« (Lk 8,15). Im Kontext des Lukasevangeliums stellt die Erwähnung des guten und aufrichtigen Herzens, der Hinweis auf das gehörte und bewahrte Wort, eine indirekte Abbildung des Glaubens der Jungfrau Maria dar. Derselbe Evangelist spricht von dem Erinnern Marias, davon, wie sie alles, was sie gehört und gesehen hat, in ihrem Herzen bewahrte, so dass das Wort in ihrem Leben Frucht bringen konnte. Die Mutter des Herrn ist eine vollkommene Ikone des Glaubens, wie die heilige Elisabeth ausrief: »Selig ist die, die geglaubt hat« (Lk 1,45).

In Maria, der Tochter Sion, erfüllt sich die lange Geschichte des Glaubens im Alten Testament mit der Erzählung vieler gläubiger Frauen, angefangen von Sara, die neben den Patriarchen der Ort waren, an dem sich die Verheißung Gottes erfüllte und das neue Leben erblühte. In der Fülle der Zeit erging das Wort Gottes an Maria, und mit ihrem ganzen Sein nahm sie es in ihrem Herzen auf, damit es in ihr Fleisch annehme und aus ihr geboren werde als Licht für die Menschen. Der heilige Märtyrer Justinus verwendet in seinem Dialog mit Tryphon einen schönen Ausdruck, wenn er sagt, dass Maria, als sie die Botschaft des Engels annahm, »Glaube und Freude« empfing. In der Mutter Jesu zeigte sich der Glaube in der Tat reich an Frucht, und wenn unser geistliches Leben Frucht bringt, werden wir mit Freude erfüllt, was das deutlichste Zeichen der Größe des Glaubens ist. Maria hat in ihrem Leben den Pilgerweg des Glaubens in der Nachfolge ihres Sohnes erfüllt. So wurde in Maria der Glaubensweg des Alten Testaments aufgenommen in die Nachfolge Jesu hinein und lässt sich von ihm verwandeln, indem er in die dem menschgewordenen Gottessohn eigene Sichtweise eintritt.

Wir können sagen, dass an der seligen Jungfrau Maria sich erfüllt, was ich vorhin nachdrücklich betont habe, nämlich dass der Glaubende in sein Bekenntnis des Glaubens ganz und gar mit hinein genommen ist. Maria ist durch ihre Beziehung zu Jesus eng mit dem verbunden, was wir glauben. In der jungfräulichen Empfängnis Jesu in Maria haben wir ein klares Zeichen der Gottessohnschaft Christi. Der ewige Ursprung Christi ist im Vater; er ist der Sohn in vollem und einzigartigem Sinn; und deshalb wird er in der Zeit geboren ohne Zutun eines Mannes. Als Sohn kann Jesus der Welt einen neuen Anfang und ein neues Licht bringen, die Fülle der treuen Liebe Gottes, der sich den Menschen übergibt. Andererseits hat die wirkliche Mutterschaft Marias sichergestellt, dass der Sohn Gottes eine echte menschliche Geschichte hat und ein wahres Fleisch, in dem er am Kreuz sterben und von den Toten auferstehen konnte. Maria begleitete ihn bis unter das Kreuz (vgl. Joh 19,25), von wo aus sich ihre Mutterschaft auf jeden Jünger ihres Sohnes erstrecken sollte (vgl. Joh 19,26–27). Nach der Auferstehung und Himmelfahrt Jesu war sie auch im Abendmahlssaal zugegen, um mit den Aposteln um die Gabe des Geistes zu bitten (vgl. Apg 1,14). Der Strom der Liebe zwischen Vater und Sohn im Geist hat unsere Geschichte durchlaufen; Christus zieht uns zu sich, um uns retten zu können (vgl. Joh 12,32). In der Mitte des Glaubens steht das Bekenntnis zu Jesus, dem Sohn Gottes, geboren von einer Frau, der uns durch die Gabe des Heiligen Geistes in die Gotteskindschaft hineinführt (vgl. Gal 4,4–6).

Enzyklika »Lumen Fidei«, Art. 58–59

Geschenk und Werk Gottes

Unserer Lieben Frau von Quinche lege ich die lebendigen Eindrücke von diesen Tagen meines Besuchs zu Füßen; ich möchte ihrem Herzen die Alten und die Kranken anvertrauen, mit denen ich eine Weile im Haus der Missionarinnen der Nächstenliebe verbracht habe. Ich schließe auch alle anderen Begegnungen ein, die ich vorher gehabt habe. Ich vertraue sie dem Herzen Marias an, aber ich lege sie auch euch ans Herz, ihr Priester, Ordensleute und Seminaristen, die ihr berufen seid, im Weinberg des Herrn zu arbeiten. Ihr sollt Wächter sein über alles, was dieses Volk Ecuadors erlebt, worüber es weint und worüber es sich freut.

Im Evangelium lädt der Herr uns ein, die Mission ohne Vorbehalt anzunehmen. Es ist eine wichtige Botschaft, die wir nicht vergessen dürfen und die in diesem Heiligtum, das der Darbringung der Jungfrau Maria im Tempel geweiht ist, einen besonderen Akzent gewinnt. Maria ist das Beispiel einer Jüngerin für uns, die wir wie sie eine Berufung erhalten haben. Ihre vertrauensvolle Antwort »Mir geschehe wie du es gesagt hast« (Lk 1,38) erinnert uns an ihre Worte bei der Hochzeit zu Kana: »Was er euch sagt, das tut« (Joh 2,5). Ihr Beispiel ist eine Einladung zu dienen wie sie.

In der Darbringung der Jungfrau können wir einige Anregungen für unseren eigenen Ruf erhalten. Das Mädchen Maria war ein Geschenk Gottes für ihre Eltern und für das ganze Volk, das auf die Befreiung hoffte. Das ist eine Tatsache, die sich häufig in der Heiligen Schrift wiederholt: Gott antwortet auf die Klage seines Volkes, indem er ein schwaches Kind schickt, das dazu bestimmt ist, die Rettung zu bringen, und zugleich die Hoffnung alter Eltern erneuert. Das Wort Gottes sagt uns, dass in der Geschichte Israels die Richter, die Propheten und die Könige ein Geschenk Gottes sind, um seine Zärtlichkeit und seine Barmherzigkeit seinem Volk zukommen zu lassen. Sie sind Zeichen der ungeschuldeten Großzügigkeit Gottes:

Er hat sie erwählt, ausgesucht und berufen. Dies bewahrt uns vor der Selbstbezogenheit. Es gibt uns zu verstehen, dass wir nicht mehr uns gehören, dass unsere Berufung von uns verlangt, uns von allem Egoismus, von allem Streben nach materiellem Gewinn oder affektivem Ausgleich abzuwenden, wie uns das Evangelium gesagt hat. Wir sind keine Tagelöhner sondern Diener. Wir sind nicht gekommen, um bedient zu werden, sondern um zu dienen, und das tun wir in völliger Loslösung, ohne Stock und ohne Vorratstasche.

Eine gewisse Überlieferung hinsichtlich des Titels Unserer Lieben Frau von Quinche sagt uns, dass Diego de Robles das Gnadenbild im Auftrag des Stammes der Lumbicí schuf. Diego hat es nicht für Gotteslohn, sondern für einen materiellen Verdienst geschaffen. Als sie es ihm nicht bezahlen konnten, brachte er es nach Oyacachi und tauschte es gegen Zedernbretter ein. Diego verweigerte sich jedoch der Bitte der Dorfbewohner, auch einen Altar für das Bild zu schaffen. Als er dann aber vom Pferd stürzte, fühlte er im Angesicht der Gefahr den Schutz der Jungfrau Maria. Er kehrte in das Dorf zurück und schuf das Podest für das Bild. Auch wir alle haben die Erfahrung eines Gottes gemacht, der unsere Wege kreuzt, der uns in unserer Wirklichkeit als Gefallene und Zusammengebrochene ruft. Mögen die Eitelkeit und die Weltlichkeit uns doch nicht vergessen lassen, von wo Gott uns gerettet hat! Möge Maria von Quinche uns dazu bringen, von den Plätzen des Ehrgeizes, der egoistischen Interessen und der übermäßigen Sorgen um uns selbst herabzusteigen! Die »Vollmacht«, welche die Apostel von Jesus empfangen, ist nicht für ihren eigenen Vorteil bestimmt: Unsere Begabungen dienen der Erneuerung und dem Aufbau der Kirche. Weigert euch nicht zu teilen, sträubt euch nicht zu schenken, schließt euch nicht in die Bequemlichkeit ein, seid Quellen, die überfließen und die anderen erfrischen, besonders die, die durch die Sünde, die Enttäuschung und den Groll bedrückt sind (vgl. Evangelii gaudium 272).

Ein zweiter Aspekt, an den mich die Darbringung der Jungfrau erinnert, ist die Beharrlichkeit. In der anregenden ikonographischen Darstellung dieses marianischen Festes löst sich das kleine Mädchen Maria von ihren Eltern, um die Stufen zum Tempel hinaufzusteigen. Maria schaut nicht zurück und geht – in einem deutlichen Bezug zur Mahnung des Evangeliums – entschieden voran. Wie die Jünger im Evangelium treten auch wir unseren Weg an, um jedem Volk und jedem Ort die gute Nachricht Jesu zu bringen. Beharrlichkeit in der Mission bedeutet, nicht von einem Haus in ein anderes zu ziehen (vgl. Lk 10,7) auf der Suche, wo man uns besser behandelt, wo es mehr Mittel und Annehmlichkeiten gibt. Das bedeutet, unser Los mit dem von Jesus zu verbinden, bis zum Letzten. Einige Berichte der Erscheinungen der Jungfrau von Quinche erzählen uns, dass eine »Frau mit einem Kind im Arm« an mehreren aufeinanderfolgenden Abenden die Bewohner von Oyacachi besuchte, als diese vor der Verfolgung durch Bären Zuflucht suchten. Mehrere Male kam Maria ihren Kindern entgegen; sie trauten ihr nicht, sie beargwöhnten diese Frau, bewunderten jedoch ihre Beharrlichkeit, jeden Abend beim Sonnenuntergang wiederzukommen. Ausharren, auch wenn sie uns ablehnen, auch wenn es Nacht wird und die Unsicherheit und die Gefahren zunehmen. Ausharren in diesem Einsatz, weil wir wissen, dass wir nicht allein sind, dass das heilige Volk Gottes voranschreitet.

In gewisser Weise können wir in dem Bild des Mädchens Maria, das zum Tempel hinaufsteigt, die Kirche sehen, die den missionarischen Jünger begleitet. Zusammen mit ihr sind da ihre Eltern, die ihr das Gedächtnis des Glaubens übermittelt haben und sie nun großherzig dem Herrn darbieten, auf dass sie seinem Weg folgen kann. Da ist ihre Gemeinschaft, dargestellt durch das »Gefolge der Jungfrauen«, »ihre Gefährtinnen« mit den brennenden Lampen (vgl. Ps 45,15); in diesen sehen die Kirchenväter ein prophetisches Bild für alle, die Maria nachahmen und aufrichtig danach streben, Gottes Freunde zu sein. Und da sind die Priester, die auf sie warten, um sie zu empfangen; sie erinnern uns daran, dass in der Kirche die Hirten die Verantwortung haben, die Menschen mit Zärtlichkeit aufzunehmen und zu helfen, jeden Geist und jeden Ruf zu unterscheiden.

Gehen wir gemeinsam voran, stützen wir uns gegenseitig und erbitten wir demütig die Gabe der Beharrlichkeit in seinem Dienst.

Unsere Liebe Frau von Quinche war Anlass für Begegnung, für Gemeinschaft, und dieser Ort hat sich seit diesen Zeiten der Inkas zu einer multi-ethnischen Siedlung herangebildet. Wie schön ist es, wenn die Kirche in ihrem Einsatz ausharrt, Haus und Schule der Gemeinschaft zu sein, wenn wir das erzeugen, was ich gerne als Kultur der Begegnung bezeichne!

Das Bild der Darbringung sagt uns, dass sich das Mädchen Maria, nachdem es den Segen der Priester empfangen hatte, auf die Stufen des Altars setzte und dann aufstand und tanzte. Ich denke an die Fröhlichkeit, die sich in den Bildern einer Hochzeitsfeier zeigt unter den Freunden des Bräutigams und bei der Braut, die mit ihren Juwelen geschmückt ist. Es ist die Freude von jemandem, der einen Schatz gefunden hat und der alles hinter sich gelassen hat um ihn zu erlangen. Dem Herrn zu begegnen, in seinem Haus zu leben, an seiner persönlichen Sphäre teilzuhaben verpflichtet dazu, das Reich Gottes zu verkünden und die Rettung zu allen zu bringen. Die Schwellen des Tempels zu überschreiten verlangt von uns, uns wie Maria in Tempel des Herrn zu verwandeln und uns auf den Weg zu machen, um ihn zu den Geschwistern zu bringen. Die Jungfrau, die erste missionarische Jüngerin, ist gleich nach der Ankündigung durch den Engel unverzüglich in ein Dorf in Judäa aufgebrochen, um diese unermessliche Freude zu teilen; dieselbe, die den heiligen Johannes den Täufer im Leib seiner Mutter hüpfen ließ (vgl. Lk 1,39–44). Wer ihre Stimme hört, »hüpft vor Freude« und wird selbst zu einem Boten ihrer

Freude. Die Freude zu evangelisieren bewegt die Kirche, sie lässt sie aufbrechen wie Maria.

Obgleich vielerlei Gründe für die Verlegung des Heiligtums von Oyacachi an diesen Ort vorgebracht werden, bleibe ich bei einem stehen: »Hier ist es und war es besser zugänglich, hier ist es leichter, in der Nähe von allen zu sein«. So verstand es der Erzbischof von Quito, Fray Luis López de Solis, als er anordnete ein Heiligtum zu bauen, das imstande war, alle zusammenzurufen und aufzunehmen. Eine Kirche im Aufbruch ist eine Kirche, die sich nähert, die sich anpasst, um nicht weit weg zu sein, die aus der eigenen Bequemlichkeit herausgeht und den Mut hat, alle Randgebiete zu erreichen, die das Licht des Evangeliums brauchen (vgl. Evangelii gaudium 20).

Kehren wir nun zu unseren Aufgaben zurück, die das heilige Volk, das uns anvertraut ist, von uns erbittet. Zu diesen gehört – das dürfen wir nicht vergessen –, uns um die Volksfrömmigkeit zu kümmern, zu ihr zu ermuntern, sie heranzubilden. Wir können sie, die in vielen lateinamerikanischen Ländern sehr verbreitet ist, in diesem Heiligtum gleichsam mit Händen greifen. Das gläubige Volk wusste seinen Glauben in seiner eigenen Sprache zum Ausdruck zu bringen; seine tiefsten Empfindungen von Schmerz, Zweifel, Freude, Scheitern und Dank mit verschiedenen Formen der Frömmigkeit zu zeigen: Prozessionen, Nachtwachen, Blumen, Gesänge, die sich in einen schönen Ausdruck des Vertrauens in den Herrn und der Liebe zu seiner Mutter verwandeln, die auch unsere Mutter ist.

In Quinche fließen die Geschichte der Menschen und die Geschichte Gottes in der Geschichte einer Frau, nämlich Marias, zusammen. Und in einem Haus, unserem Haus, der Schwester Mutter Erde. Die Überlieferungen dieser Wallfahrt rufen uns die Zedern, die Bären, die Felsspalte in Erinnerung, wo sich das erste Haus der Gottesmutter befand. Sie sprechen uns von den Vögeln in der Vergangenheit, die an diesem Ort lagerten, und von Blumen heute, die das Bild schmücken. Die Ursprünge dieser Devotion versetzen uns in Zeiten, in denen es sehr einfach war, »den ruhigen Einklang mit der Schöpfung wiederzugewinnen, um ... den Schöpfer zu betrachten, der unter uns und in unserer Umgebung lebt und dessen Gegenwart nicht hergestellt, sondern entdeckt, enthüllt werden muss« (Enz. Laudato si' 225). Er offenbart sich uns in der geschaffenen Welt, in seinem geliebten Sohn, in der Eucharistie, die den Christen erlaubt, sich als lebendige Glieder der Kirche zu sehen und aktiv an seiner Mission teilzunehmen (vgl. Aparecida, 264). Und er offenbart sich uns im Heiligtum Unserer Lieben Frau von Quinche, die von hier aus die Morgenröte der ersten Verkündigung des Glaubens an die eingeborenen Völkern begleitete. Ihr empfehlen wir unsere Berufung an. Sie mache uns zu einem Geschenk für unseres Volk. Sie schenke uns die Beharrlichkeit in der Hingabe und die Fröhlichkeit, aufzubrechen und das Evangelium ihres Sohnes Jesus – vereint mit unseren Hirten – bis zu den Grenzen, bis zu den Peripherien unseres geliebten Ecuador zu bringen.

VORBEREITETE ANSPRACHE IM NATIONALEN MARIENHEILIGTUM
EL QUINCHE IN QUITO WÄHREND DER
APOSTOLISCHEN REISE IN ECUADOR, 8. JULI 2015

Die Magd des Herrn

Am Ende dieser Eucharistiefeier, mit der wir unseren Lobgesang und unseren Dank zu Gott erhoben haben für alle Gnade, die wir während dieses Weltjugendtags empfangen haben, möchte ich noch Erzbischof Orani Tempesta und Kardinal Ryłko für die Worte danken, die sie an mich gerichtet haben. Ich danke auch euch, liebe junge Freunde, für all die Freude, die ihr mir in diesen Tagen bereitet habt. Danke! Ich trage jeden von euch in meinem Herzen! Jetzt wollen wir unseren Blick auf die himmlische Mutter, die Jungfrau Maria richten. In diesen Tagen hat Jesus euch immer wieder mit Nachdruck eingeladen, seine Jünger und Missionare zu sein; ihr habt die Stimme des Guten Hirten gehört, der euch beim Namen gerufen hat, und ihr habt die Stimme, die euch rief, erkannt (vgl. Joh 10,4). Ist es nicht wahr, dass ihr in dieser Stimme, die in euren Herzen erklungen ist, die Zärtlichkeit der Liebe Gottes gespürt habt? Habt ihr die Schönheit empfunden, Christus gemeinsam in der Kirche zu folgen? Habt ihr besser verstanden, dass das Evangelium die Antwort auf die Sehnsucht nach einem noch erfüllteren Leben ist? (vgl. Joh 10,10). Wirklich?

Die unbefleckte Jungfrau tritt im Himmel für uns ein wie eine gute Mutter, die ihre Kinder behütet. Maria lehre uns mit ihrem Leben, was es bedeutet, ein Jünger und Missionar zu sein. Jedes Mal, wenn wir den »Engel des Herrn« beten, gedenken wir des Ereignisses, das die Geschichte der Menschen für immer verändert hat. Als der Engel Gabriel Maria verkündete, dass sie die Mutter Jesu, des Retters, werden sollte, hat sie, auch ohne die volle Bedeutung jener Berufung zu begreifen, Gott vertraut und geantwortet: »Ich bin die Magd des Herrn; mir geschehe, wie du es gesagt hast« (Lk 1,38). Aber was hat sie unmittelbar danach getan? Nachdem sie die Gnade empfangen hatte, die Mutter des menschgewordenen Wortes zu werden, hat sie dieses Geschenk nicht für sich behalten; sie hat sich verantwortlich gefühlt und ist aufgebrochen, hat ihr Haus verlassen und ist zu ihrer Verwandten Elisabet geeilt, um ihr, die der Hilfe bedurfte, beizustehen (vgl. Lk 1,38–39). Sie hat ein Zeichen der Liebe gesetzt, eine Geste der Nächstenliebe und des konkreten Dienens vollzogen und Jesus gebracht, den sie im Schoß trug. Und das hat sie eilends getan!

Da seht ihr, liebe Freunde, unser Vorbild. Sie, die das kostbarste Geschenk von Gott erhalten hat, gibt ihre erste Antwort darauf, indem sie sich in Bewegung setzt, um zu dienen und Jesus zu bringen. Bitten wir die Muttergottes, uns zu helfen, dass auch wir die Freude Christi unseren Angehörigen, unseren Gefährten, unseren Freunden, allen weiterschenken. Fürchtet euch niemals, mit Christus großherzig zu sein! Es lohnt sich! Hinausgehen und mit Mut und Großmut aufbrechen, damit jeder Mensch dem Herrn begegnen kann.
Liebe junge Freunde, für den nächsten Weltjugendtag, im Jahr 2016, haben wir eine Verabredung in Krakau, in Polen. Auf die mütterliche Fürsprache von Maria bitten wir um das Licht des Heiligen Geistes auf dem Weg, der uns zu dieser neuen Etappe der frohen Feier des Glaubens und der Liebe Christi bringen wird.

Angelus an der Copacabana während der
Apostolischen Reise nach Rio de Janeiro, 28. Juli 2013

»Lassen wir uns von Gott liebkosen«

Heute lässt uns das Fest der Unbefleckten Empfängnis die Gottesmutter betrachten, die durch ein einzigartiges Privileg von ihrer Empfängnis an vor der Erbsünde bewahrt worden ist. Obgleich sie in der von der Sünde gezeichneten Welt lebt, wird sie von ihr nicht berührt: Maria ist unsere Schwester im Leiden, doch nicht im Bösen und in der Sünde. Im Gegenteil, in ihr ist das Böse besiegt worden, noch bevor es sie antasten konnte, da Gott sie mit Gnaden erfüllt hat (vgl. Lk 1,28). Die Unbefleckte Empfängnis bedeutet, dass Maria die Erste ist, die von der unendlichen Barmherzigkeit des Vaters gerettet wurde, als Erstlingsfrucht des Heils, das Gott in Christus einem jeden Mann und einer jeden Frau schenken will. Aus diesem Grund ist die Unbefleckte Empfängnis erhabene Ikone der göttlichen Barmherzigkeit geworden, die über die Sünde gesiegt hat. Und wir wollen heute, zu Beginn des Heiligen Jahres der Barmherzigkeit, auf diese Ikone mit vertrauensvoller Liebe blicken, sie in ihrem Glanz betrachten und so deren Glauben nachahmen. Wir sind eingeladen, in der unbefleckten

Empfängnis Mariens die Morgenröte der neuen Welt zu erkennen, die durch das Heilswirken des Vaters und des Sohnes und des Heiligen Geistes verwandelt worden ist. Es ist die Morgenröte der durch die göttliche Barmherzigkeit verwirklichten neuen Schöpfung. Daher ist die Jungfrau Maria, die nie von der Sünde befleckt und immer von Gott erfüllt war, Mutter einer neuen Menschheit. Sie ist Mutter der neugeschaffenen Welt. Die Feier dieses Festes bringt zweierlei mit sich. Erstens: Gott und seine barmherzige Gnade ganz in unserem Leben aufzunehmen. Zweitens: unsererseits durch einen dem Evangelium gemäßen Weg zu Baumeistern der Barmherzigkeit zu werden. Das Fest der Unbefleckten Empfängnis wird so zum Fest von uns allen, wenn es uns mit unserem täglichen »Ja« gelingt, unseren Egoismus zu besiegen und das Leben unserer Brüder und Schwestern froher zu machen, Tränen zu trocknen und ein wenig Freude zu schenken.

In Nachahmung Marias sind wir dazu berufen, Überbringer Christi und Zeugen seiner Liebe zu werden, indem wir vor allem auf jene blicken, die in den Augen Jesu die Bevorzugten sind. Das sind jene, auf die er selbst uns verwiesen hat: »Denn ich war hungrig und ihr habt mir zu essen gegeben; ich war durstig und ihr habt mir zu trinken gegeben; ich war fremd und obdachlos und ihr habt mich aufgenommen; ich war nackt und ihr habt mir Kleidung gegeben; ich war krank und ihr habt mich besucht; ich war im Gefängnis und ihr seid zu mir gekommen« (Mt 25,35–36). Das heutige Fest der Unbefleckten Empfängnis hat uns eine spezifische Botschaft mitzuteilen: es ruft uns in Erinnerung, dass alles in unserem Leben Geschenk,

Barmherzigkeit ist. Die allerseligste Jungfrau, die Erste der Geretteten, Urbild der Kirche, heilige und unbefleckte Braut, vom Herrn geliebt, helfe uns, immer mehr die göttliche Barmherzigkeit als Kennzeichen des Christen neu zu entdecken. Einen wahren Christen, der nicht barmherzig ist, kann man nicht verstehen, wie man Gott nicht ohne seine Barmherzigkeit verstehen kann. Es ist dies das Wort, das das Evangelium zusammenfasst: Barmherzigkeit.

Sie ist der grundlegende Zug des Antlitzes Christi: jenes Antlitzes, das wir in den verschiedenen Aspekten seines Daseins kennen; wenn er allen entgegengeht, wenn er die Kranken heilt, wenn er mit den Sündern zu Tisch sitzt, und vor allem wenn er, mit Nägeln ans Kreuz geschlagen, vergibt; dort sehen wir das Antlitz der göttlichen Barmherzigkeit. Haben wir keine Angst: lassen wir uns von der Barmherzigkeit Gottes erfassen, der uns erwartet und alles vergibt. Nichts ist liebreicher als seine Barmherzigkeit. Lassen wir uns von Gott liebkosen: er ist so gut, der Herr, und er vergibt alles. Durch die Fürsprache der unbefleckten Maria möge die Barmherzigkeit von unseren Herzen Besitz ergreifen und unser ganzes Leben verwandeln.

Angelus zum Hochfest der ohne Erbsünde empfangenen Jungfrau und Gottesmutter Maria, 8. Dezember 2015

Mutter der Hoffnung

In Gemeinschaft mit der ganzen Kirche feiern wir die Aufnahme der Gottesmutter mit Leib und Seele in die Herrlichkeit des Himmels. Die Himmelfahrt Marias zeigt uns unsere eigene Bestimmung als Adoptivkinder Gottes und Glieder des Leibes Christi. Wie Maria, unsere Mutter, sind wir berufen, vollkommen an dem Sieg des Herrn über Sünde und Tod teilzuhaben und mit ihm in seinem ewigen Königreich zu herrschen. Das ist unsere Berufung.

Das »große Zeichen«, das uns in der heutigen ersten Lesung vor Augen geführt wird, lädt uns ein, Maria zu betrachten, wie sie in Herrlichkeit neben ihrem göttlichen Sohn thront. Es lädt uns auch ein, die Zukunft zu erkennen, die der auferstandene Herr gerade jetzt vor uns auftut. Die Koreaner feiern dieses Fest traditionell im Licht ihrer historischen Erfahrung, indem sie in der Geschichte ihrer Nation und im Leben ihres Volkes die liebevolle Fürsprache der Jungfrau Maria sehen.

In der zweiten Lesung von heute hörten wir, wie der heilige Paulus uns sagt, dass Christus der neue Adam ist, dessen Gehorsam gegenüber dem Willen des Vaters das Reich der Sünde und der Knechtschaft umgestürzt und das Reich des Lebens und der Freiheit errichtet hat (vgl. 1 Kor 15,24–25). Wahre Freiheit finden wir, wenn wir den Willen des Vaters liebevoll annehmen. Von Maria, die von Gnade erfüllt ist, lernen wir, dass christliche Freiheit mehr ist als die Befreiung von der Sünde. Es ist die Freiheit zu einer neuen, geistlichen Weise, die irdischen Wirklichkeiten zu sehen. Es ist die Freiheit, Gott und unsere Brüder und Schwestern mit reinem Herzen zu lieben und ein Leben in freudiger Hoffnung auf das Kommen des Reiches Christi zu leben.

Heute wenden wir uns bei der Verehrung Marias, der Himmelskönigin, an sie auch als Mutter der Kirche in Korea. Wir bitten sie uns zu helfen, der königlichen Freiheit, die wir am Tag unserer Taufe empfingen, treu zu sein, unsere Bemühungen zu leiten, die Welt im Einklang mit Gottes Plan zu verwandeln, und die Kirche in diesem Land zu befähigen, immer vollkommener Sauerteig seines Reiches inmitten der koreanischen Gesellschaft zu sein. Mögen die Christen dieser Nation eine großherzige Kraft für die geistige Erneuerung in allen Gesellschaftsschichten sein. Mögen sie die Verlockung eines Materialismus, der echte geistige und kulturelle Werte erstickt, und den Geist des uneingeschränkten Wettbewerbs, der Egoismus und Unfrieden erzeugt, bekämpfen. Mögen sie auch unmenschliche

Wirtschaftsmodelle, die neue Formen von Armut schaffen und Arbeiter an den Rand drängen, sowie die Kultur des Todes verwerfen, die das Bild Gottes, des Gottes des Lebens, entstellt und die Würde jedes Menschen – ob Mann, Frau oder Kind – verletzt.

In der Feier dieses Festes verbinden wir uns mit der Kirche auf der ganzen Welt im Blick auf Maria als unsere Mutter der Hoffnung. Ihr Lobgesang erinnert uns daran, dass Gott die Verheißungen seines Erbarmens niemals vergisst (vgl. Lk 1,54–55). Maria ist diejenige, die Segen empfängt, weil sie »geglaubt hat, dass sich erfüllt, was der Herr ihr sagen ließ« (Lk 1,45). In ihr haben sich alle Verheißungen Gottes als vertrauenswürdig erwiesen. In der Herrlichkeit thronend, zeigt sie uns, dass unsere Hoffnung verlässlich ist; auch jetzt reicht sie als »sicherer und fester Anker der Seele« (Hebr 6,19) dorthin, wo Jesus in der Herrlichkeit wohnt.

Diese Hoffnung, liebe Brüder und Schwestern, die Hoffnung, die aus dem Evangelium hervorgeht, ist das Gegenmittel gegen den Geist der Hoffnungslosigkeit, der wie ein Krebs zu wuchern scheint in Gesellschaften, die äußerlich wohlhabend sind, aber oft innere Traurigkeit und Leere erfahren. Von wie vielen unserer Jugendlichen hat diese Hoffnungslosigkeit ihren Tribut gefordert! Mögen sie, die jungen Menschen, die uns in diesen Tagen mit ihrer Freude und ihrem Vertrauen umgeben, niemals ihrer Hoffnung beraubt werden!

Wenden wir uns an die Jungfrau Maria und erflehen wir von ihr die Gnade, uns der Freiheit der Kinder Gottes zu erfreuen, diese Freiheit im Dienst für unsere Brüder und Schwestern sinnvoll zu nutzen und zu leben und zu arbeiten als Träger der Hoffnung, die ihre Erfüllung in jenem ewigen Reich finden wird, wo herrschen bedeutet zu dienen.

Predigt bei der Heilige Messe am Hochfest Mariä Himmelfahrt während der apostolischen Reise in die Republik Korea im World Cup Stadium in Daejeon, 15. August 2014

Das Vorbild im Glauben und der Liebe

Alles an dir ist schön, o Maria!
Kein Makel der Sünde haftet dir an.

Hilf uns, stets aufmerksam auf die Stimme des Herrn zu hören:
Der Schrei der Armen verhalle niemals in unserer Gleichgültigkeit,
das Leiden der Kranken und Bedürftigen begegne nicht
unserer Unachtsamkeit,
die Einsamkeit der Alten wie die Zartheit der Kinder versetze uns
in Ergriffenheit,
jedes menschliche Leben erfahre immer unser aller Liebe
und Ehrfurcht.

Alles an dir ist schön, o Maria!
In dir ist die vollkommene Freude des seligen Lebens mit Gott.

Gib, dass wir den Sinn unserer Erdenwanderung nicht verlieren:
Das freundliche Licht des Glaubens erleuchte unsere Tage,
die tröstende Kraft der Hoffnung lenke unsere Schritte,
die übertragbare Wärme der Liebe feuere unser Herz an,
unser aller Augen seien stets dorthin gerichtet,
wo die wahre Freude ist – in Gott.

Alles an dir ist schön, o Maria!
Höre unser Gebet, erhöre unser Flehen:
Die Schönheit der barmherzigen Liebe Gottes
in Jesus sei bei uns,
diese göttliche Schönheit – sie rette uns,
unsere Stadt, die ganze Welt.

Gebet zum Hochfest der ohne Erbsünde empfangenen Jungfrau und Gottesmutter Maria auf dem Spanischen Platz in Rom, 8. Dezember 2013

Rogier van der Weyden, *Verkündigung*

Maria Knotenlöserin

Dieses Treffen im Jahr des Glaubens ist Maria, der Mutter Christi und der Kirche, unserer Mutter gewidmet. Ihre Statue, die aus Fatima gekommen ist, helfe uns, ihre Gegenwart unter uns zu erfahren. Das ist eine Wirklichkeit: Maria führt uns immer zu Jesus. Sie ist eine Frau des Glaubens, eine wahrhaft Glaubende. Wir können uns fragen: Wie war der Glaube Marias?

1. Das erste Element ihres Glaubens ist dieses: Der Glaube Marias löst den Knoten der Sünde (vgl. Lumen Gentium, 56). Was bedeutet das? Die Konzilsväter haben ein Wort des heiligen Irenäus übernommen, der sagt, dass »der Knoten des Ungehorsams der Eva durch den Gehorsam Marias gelöst [wurde]; denn was die Jungfrau Eva durch ihren Unglauben angebunden hatte, das löste die Jungfrau Maria durch ihren Glauben« (Adversus Haereses III, 22, 4).

Der »Knoten« des Ungehorsams, der »Knoten« des Unglaubens. Wenn ein Kind der Mutter oder dem Vater nicht gehorcht, bildet sich, so könnten wir sagen, ein kleiner »Knoten«. Das geschieht, wenn das Kind sich bei seinem Handeln bewusst ist, was es tut, besonders wenn dabei eine Lüge mit im Spiel ist. In diesem Augenblick vertraut es der Mutter und dem Vater nicht. Ihr wisst, wie oft das geschieht! Da muss dann die Beziehung zu den Eltern von diesem Fehler gereinigt werden; das Kind bittet nämlich um Verzeihung, damit wieder Harmonie und Vertrauen herrsche. Etwas Ähnliches passiert bei unserer Beziehung zu Gott. Wenn wir auf ihn nicht hören, folgen wir nicht seinem Willen, vollziehen wir konkrete Handlungen, durch die wir einen Mangel an Vertrauen in ihn zeigen – und das ist die Sünde; sie bildet sich wie ein Knoten in unserem Innern. Und diese Knoten nehmen uns den Frieden und die Gelassenheit. Sie sind gefährlich, denn mehrere Knoten können zu einem Knäuel werden, das immer schmerzhafter wird und immer schwieriger zu lösen ist.

Aber für Gottes Barmherzigkeit – das wissen wir – ist nichts unmöglich! Auch die verworrensten Knoten lösen sich mit seiner Gnade. Und Maria hat mit ihrem »Ja« Gott die Tür geöffnet, damit er die Knoten des im Alten Bund begangenen Ungehorsams löse. Sie ist die Mutter, die uns mit Geduld und Zärtlichkeit zu Gott führt, damit er die Knoten unserer Seele mit seiner väterlichen Barmherzigkeit löse. Jeder von uns hat einige, und wir können uns in unserem Herzen fragen: Welche Knoten gibt es in meinem Leben? »Vater, die Meinen kann man nicht lösen!« Aber das ist ein Irrtum! Alle Knoten des Herzens, alle Knoten des Gewissens können gelöst werden. Bitte ich Maria, dass sie mir helfe, Vertrauen in die Barmherzigkeit Gottes zu haben, um sie zu lösen, um mich zu ändern? Sie, die Frau des Glaubens wird uns sicher sagen: »Geh weiter, geh zum Herrn, er versteht dich.« Und sie führt uns an der Hand, die Mutter, in den Arm des Vaters, des Vaters der Barmherzigkeit.

2. Das zweite Element: Der Glaube Marias gibt Jesus einen menschlichen Leib. Das Konzil sagt: »Im Glauben und Gehorsam gebar sie den Sohn des Vaters auf Erden, und zwar ohne einen Mann zu erkennen, vom Heiligen Geist überschattet« (Lumen Gentium, 63). Auf diesen Punkt haben die Kirchenväter sehr beharrt: Maria empfing Jesus im Glauben und dann im Fleisch, als sie »ja« zur Botschaft sagte, die Gott durch den Engel an sie richtete. Was will dies besagen? Dass Gott nicht Mensch werden wollte, indem er unsere Freiheit überging; dass er durch die freie Zustimmung Marias, durch ihr »Ja« kommen wollte. Er hat sie gefragt: »Bist du dafür bereit?« Und sie hat geantwortet: »Ja.«

Was aber in der Jungfrau Maria auf einzigartige Weise erfolgt ist, geschieht auf geistlicher Ebene auch in uns, wenn wir das Wort Gottes mit bereitem und aufrichtigem Herzen aufnehmen und es in die Tat umsetzen. Es ist so, als ob Gott in uns Fleisch annehmen würde: Er kommt, um in uns zu wohnen, damit er in denen Wohnung nehme, die ihn lieben und sein Wort befolgen. Es ist nicht einfach, dies zu verstehen, aber, ja, es ist einfach, es im Herzen zu spüren.

Denken wir, die Menschwerdung Jesu sei nur ein Geschehen der Vergangenheit, das uns nicht persönlich betrifft? An Jesus zu glauben bedeutet, ihm mit der Demut und dem Mut Marias unser Fleisch anzubieten, damit er weiter unter den Menschen wohnen kann; es bedeutet, ihm unsere Hände anzubieten, um die Kleinen und die Armen zu liebkosen; unsere Füße, um den Brüdern entgegenzugehen; unsere Arme, um den, der schwach ist, zu stützen und um im Weinberg des Herrn zu arbeiten; unseren Geist, um im Licht des Evangeliums Pläne auszudenken und zu machen; und vor allem aber unser Herz anzubieten, um nach dem Willen Gottes zu lieben und Entscheidungen zu treffen. All das geschieht dank des Wirkens des Heiligen Geistes. Und so mögen wir die Werkzeuge Gottes sein, damit Jesus in der Welt durch uns handle.

3. Und das letzte Element ist der Glaube Marias als Weg: Das Konzil sagt, dass Maria »den Pilgerweg des Glaubens« ging (ebd., 58). Deswegen geht sie uns auf diesem Pilgerweg voran, begleitet und stützt sie uns.

Inwiefern war der Glaube Marias ein Weg? In dem Sinn, dass ihr ganzes Leben darin bestand, ihrem Sohn zu folgen: Er – Jesus – ist die Straße, und er ist der gegangene Weg. Im Glauben fortzuschreiten, auf diesem geistlichen Pilgerweg des Glaubens voranzukommen heißt nichts anderes, als Jesus zu folgen; als ihn zu hören, sich von seinen Worten leiten zu lassen; zu sehen, wie er sich verhält, und unsere Füße in seine Spur zu setzen; so wie er gesinnt zu sein und sich zu verhalten: Und wie ist Jesus gesinnt und wie verhält er sich? Demut, Barmherzigkeit, Nähe zu zeigen, aber auch Heuchelei, Falschheit, Götzendienst entschieden abzulehnen. Der Weg Jesu ist der Weg der Liebe, die treu ist bis zum Ende, bis zur Hingabe des Lebens, es ist der Weg des Kreuzes. Deshalb geht der Weg des Glaubens über das Kreuz. Maria hat dies von Anfang an verstanden, als Herodes den eben erst geborenen Jesus umbringen wollte. Dann aber wurde dieses Kreuz schwerer, als Jesus abgelehnt wurde: Maria war immer bei Jesus, sie folgte Jesus mitten im Volk, sie hörte das Geschwätz, den Hass jener, die den Herrn nicht liebten. Und dieses Kreuz hat sie getragen. Da trat der Glaube Marias dem Unverständnis und der Verachtung entgegen. Als die »Stunde« Jesu kam, d.h. die Stunde seines Leidens: Da war der Glaube Marias das Flämmchen in der Nacht, jenes Flämmchen in dunkelster Nacht. In der Nacht des Karsamstags hat Maria gewacht. Ihr Flämmchen, klein und doch hell, brannte bis zum Morgen der Auferstehung, und als die Nachricht zu ihr drang, dass das Grab leer sei, breitete sich in ihrem Herzen die Freude des Glaubens aus, der christliche Glaube an den Tod und die Auferstehung Jesu Christi. Denn der Glaube führt uns immer zur Freude, und sie ist die Mutter der Freude. Sie lehre uns, diese Straße der Freude zu gehen und diese Freude zu leben! Dies ist der Gipfel – diese Freude, diese Begegnung von Jesus und Maria, stellen wir uns doch vor, wie es war … Dies ist der Gipfel des Glaubensweges Marias und der Kirche. Wie ist unser Glaube? Halten wir ihn am Brennen, wie Maria, auch in den schwierigen, in den dunklen Augenblicken? Habe ich die Freude des Glaubens gespürt?

Heute Abend, Mutter, danken wir dir für deinen Glauben als starke und demütige Frau; wir erneuern unsere Hingabe an dich, du Mutter unseres Glaubens.

Ansprache bei der Marianischen Vigilfeier
zum Jahr des Glaubens, 12. Oktober 2013

»Mir geschehe«

Heute soll ich zu euch Priestern, Seminaristen, Ordensleuten sprechen und euch etwas sagen. Ich habe eine Ansprache vorbereitet – aber ich habe keine Lust, sie vorzulesen. So gebe ich sie dem Vorsitzenden der Ordensleutekonferenz, damit er sie dann veröffentliche.

Und ich dachte an die Heilige Jungfrau, an Maria. An die zwei Worte Mariens – es fällt mir gerade nicht ein, ich weiß nicht, ob sie andere gesagt hat: »Mir geschehe«. – Ja, sicher, sie fragte den Engel nach Erklärungen, warum sie ausgewählt wurde. Doch sie sagt: »Mir geschehe«. – Und das andere Wort: »Was er euch sagt, das tut.« Maria wollte nie die Hauptrolle spielen. Sie war Jüngerin ihr ganzes Leben lang. Die erste Jüngerin ihres Sohnes. Und sie war sich bewusst, dass alles, was sie hervorgebracht hatte, reine Unentgeltlichkeit Gottes war. Sich der Unentgeltlichkeit bewusst sein. Daher sagt sie »es geschehe«, »tut«, damit Gottes Unentgeltlichkeit sichtbar werde. Liebe Ordensleute, Priester, Seminaristen, kehrt alle Tage zurück, macht diesen Weg zurück zur Unentgeltlichkeit, mit der euch Gott erwählt hat. Ihr habt nicht Eintritt bezahlt, um ins Seminar einzutreten, um ins Ordensleben einzutreten. Ihr habt es euch nicht verdient. Wenn Ordensmänner, Priester oder Seminaristen oder Nonnen hier sind, die meinen, sich es verdient zu haben, so heben sie die Hand! Alles ist unentgeltlich. Und das ganze Leben eines Ordensmannes, einer Ordensschwester, eines Priesters und eines Seminaristen führt über diesen Weg – nun, da wir schon dabei sind, sagen wir: und der Bischöfe –, es muss über diesen Weg der Unentgeltlichkeit laufen, jeden Tag muss es dahin zurückkommen: »Herr, heute habe ich das gemacht, dies ist mir gut gelungen, ich habe diese Schwierigkeit gehabt, das alles aber ... alles kommt von dir, alles ist unentgeltlich.« Es ist Unentgeltlichkeit. Wir sind Objekt der Unentgeltlichkeit Gottes. Wenn wir dies vergessen, kommen wir langsam dazu, uns wichtig zu machen. »Und seht den … welche Werke er macht …«, oder: »Schaut, den haben sie zum Bischof von diesem und jenen Ort gemacht … wie wichtig, schaut, den haben sie zum Monsignore gemacht, oder den …«. Und so entfernen wir uns langsam von dem, was grundlegend ist, und von dem sich Maria nie entfernt hat: die Unentgeltlichkeit Gottes. Ein Rat als Bruder: Alle Tage – vielleicht ist es am besten am Abend, bevor man schlafen geht – den Blick auf Jesus richten, um ihm zu sagen: »Alles hast du mir unentgeltlich geschenkt«, und sich wieder neu ausrichten. Wenn sie meine Bestimmung ändern oder wenn es eine Schwierigkeit gibt, dann beschwere ich mich nicht, denn alles ist unentgeltlich, ich habe nichts verdient. So hat es Maria getan.

Spontane Ansprache im Nationalen Marienheiligtum El Quinche in Quito während der Apostolischen Reise in Ecuador, 8. Juli 2015

Was hat Maria der Kirche gebracht?

In Fortführung der Katechesen über die Kirche möchte ich heute Maria als Bild und Vorbild der Kirche betrachten. Dazu greife ich ein Wort des Zweiten Vatikanischen Konzils auf. In der Konstitution Lumen gentium heißt es: »Die Gottesmutter ist, wie schon der heilige Ambrosius lehrte, der Typus der Kirche unter der Rücksicht des Glaubens, der Liebe und der vollkommenen Einheit mit Christus« (Nr. 63).

1. Beginnen wir beim ersten Aspekt: Maria als Vorbild des Glaubens. In welchem Sinne stellt Maria ein Vorbild für den Glauben der Kirche dar? Denken war darüber nach, wer die Jungfrau Maria war: ein jüdisches Mädchen, das mit ganzem Herzen die Erlösung ihres Volkes erwartete. Aber im Herzen dieser jungen Tochter Israels war ein Geheimnis, das sie selbst noch nicht kannte: Im Liebesplan Gottes

war sie dazu bestimmt, die Mutter des Erlösers zu werden. Bei der Verkündigung nennt der Bote Gottes sie »Begnadete« und offenbart ihr diesen Plan. Maria antwortet mit »Ja«, und von jenem Augenblick an erhält Marias Glaube ein neues Licht: Er richtet sich auf Jesus aus, den Sohn Gottes, der in ihr Fleisch angenommen hat und in dem die Verheißungen der ganzen Heilsgeschichte sich erfüllen. Marias Glaube ist die Erfüllung des Glaubens Israels, in ihr ist wirklich der ganze Weg jenes Volkes verdichtet, das die Erlösung erwartete. Und in diesem Sinne ist sie das Vorbild des Glaubens der Kirche, dessen Mittelpunkt Christus ist, die menschgewordene unendliche Liebe Gottes.

Wie hat Maria diesen Glauben gelebt? Sie hat ihn in der Einfachheit der zahllosen täglichen Aufgaben und Sorgen einer jeden Mutter gelebt, die sich um Essen, Kleidung, den Haushalt kümmert... Eben dieses gewöhnliche Leben der Gottesmutter war die Grundlage, auf der eine einzigartige Beziehung und ein tiefer Dialog zwischen ihr und Gott, zwischen ihr und ihrem Sohn stattfanden. Marias »Ja«, das von Anfang an vollkommen war, ist gewachsen bis zur Stunde des Kreuzes. Dort ist ihre Mutterschaft umfassend geworden, sie schließt einen jeden von uns ein, unser Leben, um uns zu ihrem Sohn zu führen. Maria hat stets eingetaucht in das Geheimnis des menschgewordenen Gottessohnes gelebt, als seine erste und vollkommene Jüngerin, und hat in ihrem Herzen im Licht des Heiligen Geistes über alles nachgedacht, um den ganzen Willen Gottes zu verstehen und umzusetzen.

Wir können uns eine Frage stellen: Lassen wir uns erleuchten vom Glauben Marias, die unsere Mutter ist? Oder meinen wir, sie sei uns fern und ganz anders als wir? Blicken wir in Augenblicken der Schwierigkeiten, der Prüfung, der Dunkelheit auf sie als Vorbild des Vertrauens auf Gott, der immer nur unser Wohl will? Denken wir darüber nach. Vielleicht wird es uns gut tun, Maria in diesem Glauben, den sie hatte, als Vorbild und Urbild der Kirche wiederzufinden.

2. Kommen wir zum zweiten Aspekt: Maria als Vorbild der Liebe. Auf welche Weise ist Maria für die Kirche ein lebendiges Vorbild in der Liebe? Denken wir an ihre Bereitschaft gegenüber ihrer Verwandten Elisabet. Maria hat ihr durch ihren Besuch nicht nur materielle Hilfe gebracht, auch das, sondern sie hat Jesus gebracht, der schon in ihrem Schoß lebte.

Jesus in jenes Haus zu bringen bedeutete, Freude zu bringen, vollkommene Freude. Elisabet und Zacharias waren glücklich über die Schwangerschaft, die in ihrem Alter unmöglich schien, aber es ist die junge Maria, die ihnen die vollkommene Freude bringt, die von Jesus und vom Heiligen Geist kommt und die in unentgeltlicher Liebe, im Teilen, in der gegenseitigen Hilfe, im Verständnis zum Ausdruck kommt. Die Gottesmutter will auch uns, uns allen, das große Geschenk bringen, das Jesus ist: Und mit ihm bringt sie uns seine Liebe, seinen Frieden, seine Freude. So ist die Kirche wie Maria: Die Kirche ist kein Geschäft, sie ist keine humanitäre Einrichtung, die Kirche ist keine Nichtregierungsorganisation, die Kirche ist gesandt, allen Menschen Christus und sein Evangelium zu bringen. Sie bringt nicht sich selbst ob sie klein, groß, stark oder schwach ist: die Kirche bringt Jesus und muss wie Maria sein, als sie ihre Verwandte Elisabet besucht hat. Was hat Maria ihr gebracht? Jesus. Die Kirche bringt Jesus: Das ist der Mittelpunkt der Kirche, Jesus zu bringen! Nehmen wir an, es würde einmal passieren, dass die Kirche nicht Jesus bringt: Dann wäre das eine tote Kirche! Die Kirche muss die Liebe Jesu bringen, die Zuneigung Jesu, die Liebe Jesu.

Wir haben über Maria gesprochen, über Jesus. Und wir? Wir, die wir die Kirche sind? Welche Liebe bringen wir den anderen? Ist es die Liebe Jesu, der teilt, der vergibt, der begleitet, oder ist es eine verwässerte Liebe, wie man Wein verlängert, der wie Wasser schmeckt? Ist es eine starke Liebe, oder ist sie so schwach, dass sie der Sympathie folgt, dass sie die Gegenleistung sucht, eine eigennützige Liebe? Eine weitere Frage: Mag Jesus die eigennützige Liebe? Nein, er mag sie nicht, denn die Liebe muss unentgeltlich sein, wie seine Liebe. Wie sind die Beziehungen in unseren Pfarreien, in unseren Gemeinschaften? Behandeln wir einander wie Brüder und Schwestern? Oder urteilen wir übereinander, reden wir schlecht übereinander, kümmert sich ein jeder um sein kleines »Gärtlein«, oder kümmern wir uns umeinander? Das sind Fragen der Liebe!

Generalaudienz, 23. Oktober 2013

Hoffnung bewahren, sich überraschen lassen und in der Freude leben

Wenn die Kirche Christus sucht, klopft sie immer am Haus der Mutter an und bittet: »Zeige uns Jesus«. Von ihr lernt man die wahre Jüngerschaft. Und das ist der Grund, warum die Kirche immer auf den Spuren Marias in die Mission geht.

Im Hinblick auf den Weltjugendtag, der mich nach Brasilien geführt hat, komme heute auch ich, um an der Tür von Marias Haus anzuklopfen – bei ihr, die Jesus geliebt und erzogen hat –, damit sie uns allen, den Hirten des Gottesvolkes, den Eltern und den Erziehern helfe, unseren jungen Menschen die Werte zu vermitteln, die sie zu Erbauern einer gerechteren, solidarischeren und brüderlicheren Nation und Welt machen. Zu diesem Zweck möchte ich an drei einfache Verhaltensweisen erinnern, drei einfache Verhaltensweisen: die Hoffnung bewahren, sich von Gott überraschen lassen und in der Freude leben.

1. Die Hoffnung bewahren. Die zweite Lesung der Messe stellt uns eine dramatische Szene vor Augen: Eine Frau – Bild Marias und der Kirche – wird von einem Drachen – dem Teufel – verfolgt, der ihren Sohn verschlingen will. Doch es ist keine Szene des Todes, sondern

des Lebens, weil Gott eingreift und das Kind in Sicherheit bringt (vgl. Offb 12,13a.15–16a). Wie viele Schwierigkeiten gibt es im Leben jedes Einzelnen, in unserem Volk, in unseren Gemeinschaften, aber wie groß sie auch scheinen mögen, Gott lässt niemals zu, dass wir von ihnen gänzlich überflutet werden. Angesichts der Entmutigung, die es im Leben geben und die bei denen aufkommen könnte, die für die Verkündigung des Evangeliums arbeiten oder die sich bemühen, den Glauben als Familienvater und -mutter zu leben, möchte ich mit Nachdruck sagen: Habt stets diese Gewissheit im Herzen: Gott geht an eurer Seite, in keinem Augenblick verlässt er euch! Verlieren wir niemals die Hoffnung! Löschen wir sie niemals in unserem Herzen aus! Es gibt den »Drachen« – das Böse –in unserer Geschichte, aber nicht er ist der Stärkste. Der Stärkste ist Gott, und Gott ist unsere Hoffnung! Es ist wahr, dass heute alle, und auch unsere Jugendlichen, ein wenig den Reiz der vielen Götzen spüren, die sich an Gottes Stelle setzen und Hoffnung zu geben scheinen: Geld, Erfolg, Macht, Vergnügen. Im Herzen vieler breitet sich oft ein Gefühl der Einsamkeit und der Leere aus und führt zur Suche nach Kompensationen, nach diesen vergänglichen Götzen. Liebe Brüder und Schwestern, lasst uns Lichter der Hoffnung sein! Lasst uns eine positive Sicht der Wirklichkeit haben! Fördern wir die Großherzigkeit, welche die jungen Menschen kennzeichnet, begleiten wir sie auf ihrem Weg, Protagonisten des Aufbaus einer besseren Welt zu werden: Sie sind ein mächtiger Antrieb für die Kirche und für die Gesellschaft. Sie brauchen nicht nur Dinge, sie brauchen vor allem, dass ihnen jene immateriellen Werte vorgelegt werden, welche die geistige Mitte eines Volkes, das Gedächtnis eines Volkes sind. In diesem Heiligtum, das Teil des Gedächtnisses von Brasilien ist, können wir sie gleichsam lesen: Spiritualität, Großherzigkeit, Solidarität, Ausdauer, Brüderlichkeit, Freude – Werte, die ihre tiefste Wurzel im christlichen Glauben haben.

2. Die zweite Verhaltensweise: sich von Gott überraschen lassen. Wer ein Mann, eine Frau der Hoffnung ist – der großen Hoffnung, die uns der Glaube schenkt –, weiß, dass Gott auch inmitten der Schwierigkeiten handelt und uns überrascht. Die Geschichte dieses Heiligtums ist ein Beispiel dafür: Nach einem vergeblichen Tag, an dem sie keine Fische gefangen haben, finden drei Fischer in den Wassern des Rio Parnaíba etwas Unerwartetes: ein Bild Unserer Lieben Frau von der Unbefleckten Empfängnis. Wer hätte je gedacht, dass der Ort eines ergebnislosen Fischens der Ort werden würde, an dem alle Brasilianer sich als Kinder ein und derselben Mutter fühlen können? Gott setzt immer in Erstaunen, wie der neue Wein im Evangelium, das wir gehört haben. Gott hält immer das Beste für uns bereit. Aber er verlangt, dass wir uns von seiner Liebe überraschen lassen, dass wir seine Überraschungen annehmen. Vertrauen wir auf Gott! Fern von ihm erschöpft sich der Wein der Freude, der Wein der Hoffnung. Wenn wir in seine Nähe kommen, wenn wir bei ihm bleiben, verwandelt sich das, was kaltes Wasser zu sein scheint, das, was Not, was Sünde ist, in neuen Wein der Freundschaft mit ihm.

3. Die dritte Verhaltensweise: in der Freude leben. Liebe Freunde, wenn wir in der Hoffnung vorangehen, indem wir uns von dem neuen Wein überraschen lassen, den Jesus uns anbietet, herrscht in unserem Herzen Freude, und wir können gar nicht anders, als Zeugen dieser Freude sein. Ein Christ ist frohgemut, er ist niemals traurig. Gott begleitet uns. Wir haben eine Mutter, die immer für das Leben ihrer Kinder – für uns – eintritt, wie die Königin Ester in der ersten Lesung (vgl. Est 5,3). Jesus hat uns gezeigt, dass Gott das Gesicht eines Vaters hat, der uns liebt. Sünde und Tod sind besiegt. Ein Christ kann nicht pessimistisch sein! Er hat nicht ein Gesicht wie einer, der in ständiger Trauer zu sein scheint. Wenn wir wirklich in Christus »verliebt« sind und spüren, wie sehr er uns liebt, wird unser Herz in einer solchen Freude »entbrennen«, dass sie alle ansteckt, die in un-

serer Nähe leben – wie Benedikt XVI. hier an diesem Wallfahrtsort sagte: »Der Jünger weiß nämlich, dass es ohne Christus kein Licht, keine Hoffnung, keine Liebe und keine Zukunft gibt« (Eröffnungsansprache der V. Generalversammlung der Bischofskonferenzen von Lateinamerika und der Karibik, Aparecida, 13. Mai 2007: Insegnamenti III/1 [2007], 861).

Liebe Freunde, wir sind gekommen, um an der Tür von Marias Haus anzuklopfen. Sie hat uns geöffnet, hat uns eintreten lassen, und sie zeigt uns ihren Sohn. Jetzt bittet sie uns: »Was er euch sagt, das tut!« (Joh 2,5). Ja, Mutter, wir bemühen uns, das zu tun, was Jesus uns sagen wird! Und wir werden es mit Hoffnung tun, im Vertrauen auf die Überraschungen Gottes und voller Freude. So sei es.

Predigt bei der Heiligen Messe im Nationalheiligtum
Unserer lieben Frau von Aparecida während der
Apostolischen Reise nach Rio de Janeiro, 24. Juli 2013

Die Gottes-
mutter

Jungfrau Maria,
an diesem Tag des Hochfestes deiner Unbefleckten Empfängnis
komme ich, um dir die von Glaube und Liebe erfüllte Huldigung
des heiligen Volkes Gottes zu überbringen, das in dieser Stadt und
in diesem Bistum lebt.
Im komme im Namen der Familien, mit ihren Freuden und Mühen;
der Kinder und der Jugendlichen, die offen sind für das Leben;
der alten Menschen mit ihren Jahren reich an Erfahrung.
Besonders komme ich zu dir im Namen der Kranken, der Häftlinge,
all derer, die ihren Weg als sehr hart empfinden.
Als Hirt komme ich auch im Namen all jener, die aus fernen Ländern
auf der Suche nach Frieden und Arbeit angekommen sind.

Unter deinem Mantel ist Platz für alle,
denn du bist die Mutter der Barmherzigkeit.
Dein Herz ist voller Zärtlichkeit für alle deine Kinder:
der Zärtlichkeit Gottes, der von dir Fleisch angenommen hat
und unser Bruder geworden ist, Jesus,
Heiland eines jeden Mannes und einer jeden Frau.
Wenn wir auf Dich blicken, unsere unbefleckte Mutter,
erkennen wir den Sieg der göttlichen Barmherzigkeit
über die Sünde und all ihre Folgen;
und in uns entzündet sich neu die Hoffnung auf
ein besseres Leben, frei von Knechtschaft, Groll und Ängsten.

Du sagst allen: »Kommt, nähert euch vertrauensvoll;
tretet ein und empfangt das Geschenk der Barmherzigkeit;
habt keine Angst, schämt euch nicht:
der Vater erwartet euch mit offenen Armen,
um euch seine Vergebung zu schenken und
euch in seinem Haus aufzunehmen!
Kommt alle zum Quell des Friedens und der Freude!«

Gebet zum Hochfest der ohne Erbsünde empfangenen Jungfrau und Gottesmutter Maria
an der Mariensäule am Spanischen Platz in Rom, 8. Dezember 2015

Rogier van der Weyden, *Heimsuchung*

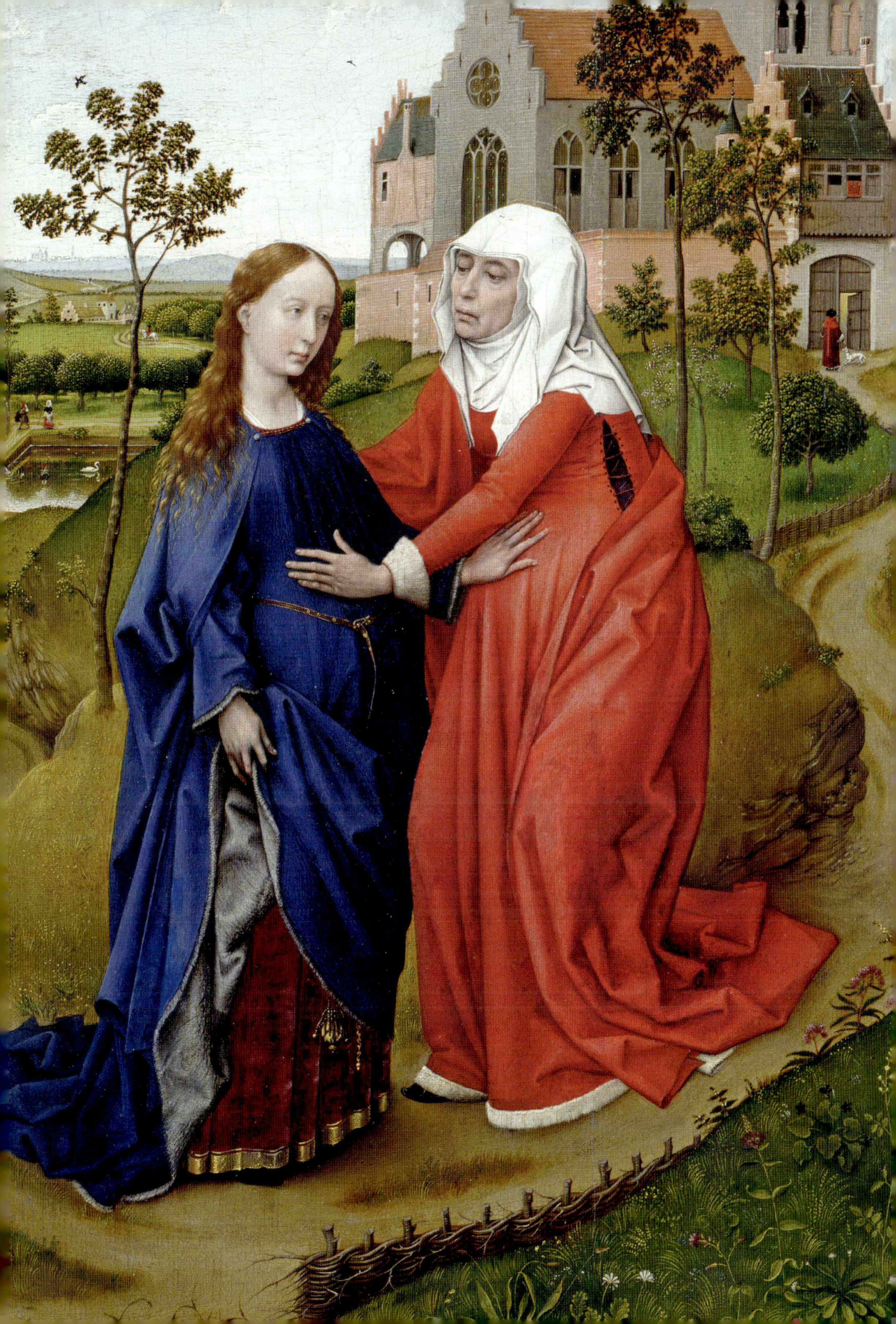

»Heilige Mutter Gottes!«

Schauen wir auf Maria, betrachten wir die heilige Mutter Gottes. Und ich möchte euch einladen, sie gemeinsam zu grüßen, wie es das mutige Volk von Ephesus getan hat. Als seine Hirten in die Kirche hineingingen, rief es vor ihnen: »Heilige Mutter Gottes!« Welch schöner Gruß für unsere Mutter ... Eine Geschichte besagt – ich weiß nicht, ob sie stimmt –, dass einige unter diesen Leuten Stöcke in der Hand hatten, vielleicht um den Bischöfen zu verstehen zu geben, was ihnen geschehen würde, wenn sie nicht den Mut hätten, Maria als »Mutter Gottes« zu verkünden. Ich lade euch alle, ohne Stöcke, ein, euch zu erheben und stehend Maria mit diesem Gruß der frühen Kirche dreimal zu grüßen: »Heilige Mutter Gottes!«.

PREDIGT BEI DER HEILIGEN MESSE AM HOCHFEST
DER GOTTESMUTTER MARIA, 1. JANUAR 2015

Die Fülle der Zeit erreicht

Zu Beginn eines neuen Jahres lässt uns die Kirche die göttliche Mutterschaft Mariens als ein Bild des Friedens betrachten. Die alte Verheißung erfüllt sich in ihrer Person. Sie hat an die Worte des Engels geglaubt, hat den göttlichen Sohn empfangen und ist Mutter des Herrn geworden. Durch sie, durch ihr »Ja« ist die Fülle der Zeit erreicht. Das Evangelium, das wir gehört haben, sagt: Die Jungfrau »bewahrte alles, was geschehen war, in ihrem Herzen und dachte darüber nach« (Lk 2,19). Sie zeigt sich uns wie ein Gefäß, das stets erfüllt ist von der Erinnerung an Jesus, als Sitz der Weisheit, aus der man schöpfen muss, um die schlüssige Deutung seiner Lehre zu erhalten. Heute bietet sie uns die Möglichkeit, den Sinn der Ereignisse zu erfassen, die uns persönlich, unsere Familien, unsere Länder und die ganze Welt betreffen. Was weder die Vernunft der Philosophen noch die Verhandlung der Politik zu erreichen vermag, dazu kann die Kraft des Glaubens gelangen, welche die Gnade des Evangeliums Christi bringt und imstande ist, der Vernunft und den Verhandlungen immer neue Wege zu öffnen.

Selig bist du, Maria, weil du der Welt den Sohn Gottes geschenkt hast; doch noch seliger bist du, weil du an ihn geglaubt hast. Voller Glauben hast du Jesus zuerst im Herzen und dann in deinem Schoß empfangen, um so Mutter aller Glaubenden zu werden (vgl. Augustinus, Sermo215,4). Breite, o Mutter, an diesem dir geweihten Tag deinen Segen über uns aus; zeige uns das Antlitz deines Sohnes Jesus, der der ganzen Welt Barmherzigkeit und Frieden schenkt.

PREDIGT BEI DER HEILIGEN MESSE ZUM HOCHFEST
DER GOTTESMUTTER MARIA, 1. JANUAR 2016

»Gesegnet bist du mehr als alle anderen Frauen«

Die Botschaft des heutigen Hochfestes der ohne Erbsünde empfangenen Jungfrau Maria kann mit diesen Worten zusammengefasst werden: alles ist unentgeltliches Geschenk Gottes, alles ist Gnade, alles ist Geschenk seiner Liebe zu uns. Der Engel Gabriel nennt Maria »die Begnadete« (Lk 1,28): in ihr ist kein Raum für die Sünde, da sie Gott von jeher als Mutter Jesu erwählt und vor der Erbsünde bewahrt hat. Und Maria entspricht der Gnade und überlässt sich ihr, indem sie zum Engel sagt: »Mir geschehe, wie du es gesagt hast« (Lk 1,38). Sie sagt nicht: »Ich werde nach deinem Wort handeln.« Nein! Sondern: »Mir geschehe… « Und das Wort ist in ihrem Schoß Fleisch geworden. Auch wir sind aufgefordert, auf Gott zu hören, der zu uns spricht, und seinen Willen anzunehmen; der Logik des Evangeliums entsprechend ist nichts wirksamer und fruchtbarer als das Hören auf das Wort des Herrn, das aus dem Evangelium, aus der Bibel kommt, und es anzunehmen. Der Herr spricht immer zu uns!

Dia Haltung Marias von Nazaret zeigt uns, dass das Sein vor dem Tun kommt, und dass es notwendig ist, Gott handeln zu lassen, um wirklich zu sein, wie er uns will. Er ist es, der in uns so viele Wunder wirkt. Maria ist aufnehmend, nicht passiv. Wie sie auf leiblicher Ebene die Macht der Heiligen Geistes empfängt, dann aber dem Sohn Gottes, der sich in ihr bildet, Fleisch und Blut schenkt, so empfängt sie auf der geistlichen Ebene die Gnade und entspricht ihr mit dem Glauben. Daher sagt der heilige Augustinus, dass die Jungfrau »Christus im Herzen empfangen hat, bevor sie ihn im Leib empfing« (Sermo 215,4). Sie hat zuerst den Glauben empfangen und dann den Herrn. Dieses Geheimnis der Annahme der Gnade, die in Maria durch ein einzigartiges Privileg nicht von der Sünde behindert wurde, ist eine Möglichkeit für alle. So eröffnet der heilige Paulus seinen Brief an die Epheser mit diesen Worten des Lobpreises: »Gepriesen sei der Gott und Vater unseres Herrn Jesus Christus: Er hat uns mit allem Segen seines Geistes gesegnet durch unsere Gemeinschaft mit Christus im Himmel« (1,3). Wie Maria von der heiligen Elisabet mit den Worten »Gesegnet bist du mehr als alle anderen Frauen« begrüßt wird, so sind auch wir von jeher »gesegnet«, das heißt geliebt, und daher »erwählt vor der Erschaffung der Welt, damit wir heilig und untadelig leben vor Gott« (Eph 1,4). Maria ist bewahrt worden, während wir dank der Taufe und des Glaubens gerettet worden sind. Für alle aber, sowohl für sie als auch für uns, gilt: durch Christus »zum Lob seiner herrlichen Gnade« (Eph 1,6), jener Gnade, von der die ohne Erbsünde empfangene Jungfrau vollkommen erfüllt worden ist.

Angesichts der Liebe, der Barmherzigkeit, der in unsere Herzen ausgegossenen göttlichen Gnade drängt sich nur eine Konsequenz auf: die Unentgeltlichkeit. Keiner von uns kann das Heil kaufen! Das Heil ist ein unentgeltliches Geschenk des Herrn, ein unentgeltliches Geschenk Gottes, der zu uns kommt und in uns wohnt. Wie wir umsonst empfangen haben, so sind wir auch aufgerufen, umsonst zu geben (vgl. Mt 10,8), Maria nachahmend, die sofort, nachdem sie die Verkündigung des Engels angenommen hat, hingeht, um das Geschenk der Fruchtbarkeit mit ihrer Verwandten Elisabet zu teilen. Denn: Wenn alles geschenkt worden ist, muss alles zurückgeschenkt werden. Wie? Indem man es zulässt, dass der Heilige Geist aus uns ein Geschenk für die anderen macht. Der Geist ist ein Geschenk für uns und wir müssen mit der Kraft des Geistes Geschenk für die anderen sein und es zulassen, dass der Heilige Geist uns zu Werkzeugen der Aufnahme, zu Werkzeugen der Aussöhnung, zu Werkzeugen der Vergebung werden lässt. Wenn sich unser Dasein durch die Gnade des Herrn verwandeln lässt, denn die Gnade des Herrn verwandelt uns, werden wir das aus seinem Antlitz erstrahlende Licht nicht für uns behalten können, sondern wir werden es durchscheinen lassen, damit es die anderen erleuchtet. Wir wollen von Maria lernen, die ihren Blick immer fest auf ihren Sohn gerichtet hat, und ihr Antlitz wurde »das Gesicht, das Christus am ähnlichsten« ist (Dante, Paradies, XXXII, 85–86). An sie wenden wir uns nun mit dem Gebet, das an die Verkündigung des Engels erinnert.

Angelus zum Hochfest der ohne Erbsünde empfangenen Jungfrau
und Gottesmutter Maria, Petersplatz, 8. Dezember 2014

Mittelpunkt des Lebens der Kirche

In diesen Tagen hat die Liturgie der Kirche uns das Bild der Jungfrau Maria, der Gottesmutter, vor Augen gestellt. Der erste Tag des Jahres ist das Hochfest der Gottesmutter, auf das die Erscheinung des Herrn folgt, mit der Erinnerung an den Besuch der Sterndeuter. Der Evangelist Matthäus schreibt: »Sie gingen in das Haus und sahen das Kind und Maria, seine Mutter; da fielen sie nieder und huldigten ihm« (Mt 2,11). Es ist die Mutter, die ihren Sohn, nachdem sie ihn geboren hat, der Welt darbringt. Sie schenkt uns Jesus, sie zeigt uns Jesus, sie lässt uns Jesus sehen. Wir setzen die Katechesen über die Familie fort, und in der Familie gibt es die Mutter. Jeder Mensch verdankt sein Leben einer Mutter, und fast immer verdankt er ihr viel in seinem nachfolgenden Leben, vieles seiner menschlichen und geistlichen Bildung. Die Mutter findet jedoch, obwohl sie symbolisch gerne hervorgehoben wird – es gibt so viele Gedichte, so viele schöne Dinge, die poetisch über die Mutter gesagt werden – wenig Gehör, man hilft ihr wenig im täglichen Leben, sie erhält wenig Anerkennung in ihrer zentralen Rolle in der Gesellschaft. Manchmal wird die Opferbereitschaft der Mütter für ihre Kinder sogar ausgenutzt, um soziale Ausgaben »einzusparen«.

Auch in der christlichen Gemeinde kommt es vor, dass die Mutter nicht immer gebührend berücksichtigt wird, dass man ihr wenig Gehör schenkt. Dennoch steht im Mittelpunkt des Lebens der Kirche die Mutter Jesu. Vielleicht sollten die Mütter, die für ihre eigenen Kinder und nicht selten auch für die Kinder anderer zu vielen Opfern bereit sind, mehr Gehör finden. Man sollte ihr tägliches Ringen besser verstehen, um am Arbeitsplatz leistungsfähig und in der Familie aufmerksam und liebevoll zu sein; man sollte besser verstehen, wonach sie streben, um die besten und wahren Früchte ihrer Emanzipation zum Ausdruck zu bringen. Eine Mutter mit Kindern hat immer

Probleme, immer Arbeit. Ich erinnere mich, dass wir zuhause fünf Kinder waren, und während eines dies tat, hatte ein anderes jenes im Sinn, und die arme Mutter ging hin und her, aber sie war glücklich. Sie hat uns sehr viel gegeben. Die Mütter sind das stärkste Gegenmittel gegen die Verbreitung des egoistischen Individualismus. »Individuum« heißt »unteilbar«. Die Mütter dagegen »teilen« sich von dem Augenblick an, in dem sie ein Kind in sich empfangen, um es zur Welt zu bringen und heranwachsen zu lassen. Sie, die Mütter, sind es, die den Krieg, der ihre Kinder tötet, am meisten hassen. Oft habe ich an die Mütter gedacht, die den Brief erhalten: »Ich teile Ihnen mit, dass Ihr Sohn zur Verteidigung des Vaterlandes gefallen ist…« Die armen Frauen! Wie sehr leidet eine Mutter! Sie sind es, die die Schönheit des Lebens bezeugen. Erzbischof Oscar Arnulfo Romero sagte, dass die Mütter ein »mütterliches Martyrium« leben. In der Predigt zur Beisetzung eines von den Todesschwadronen ermordeten Priesters sagte er im Anklang an das Zweite Vatikanische Konzil: »Wir alle müssen bereit sein, für unseren Glauben zu sterben, auch wenn der Herr uns diese Ehre nicht zuteilwerden lässt… Das Leben hingeben bedeutet nicht nur, getötet zu werden: Das Leben hingeben, den Geist des Martyriums besitzen, bedeutet, es in der Pflicht, in der Stille, im Gebet, in aufrichtiger Pflichterfüllung hinzugeben, in der Stille des täglichen Lebens. Das Leben nach und nach hingeben? Ja, wie eine Mutter es hingibt, die ohne Furcht, in der Einfachheit des mütterlichen Martyriums, in ihrem Schoß ein Kind empfängt, es zur Welt bringt, es stillt, es heranwachsen lässt und liebevoll für es Sorge trägt. Das bedeutet, das Leben hinzugeben. Das ist Martyrium. « Soweit das Zitat.

Ja, Mutter zu sein bedeutet nicht nur, ein Kind zur Welt zu bringen, sondern es ist auch eine Lebensentscheidung. Was wählt eine Mutter, was ist die Lebensentscheidung einer Mutter? Die Lebensentscheidung einer Mutter ist die Entscheidung, das Leben hinzugeben. Und das ist groß, das ist schön. Eine Gesellschaft ohne Mütter wäre eine unmenschliche Gesellschaft, denn die Mütter wissen stets, auch in den schlimmsten Augenblicken, Zärtlichkeit, Hingabe, moralische Kraft zu bezeugen. Die Mütter geben oft auch den tiefsten Sinn der Glaubenspraxis weiter: In den ersten Gebeten, in den ersten Gesten der Frömmigkeit, die ein Kind erlernt, ist der Wert des Glaubens im Leben eines Menschen eingeschrieben.

Das ist eine Botschaft, die gläubige Mütter ohne viele Erklärungen weiterzugeben wissen: Diese kommen später, aber die Keimzelle des Glaubens liegt in jenen ersten, sehr kostbaren Augenblicken. Ohne die Mütter gäbe es nicht nur keine neuen Gläubigen, sondern der Glaube würde einen Großteil seiner einfachen und tiefen Wärme verlieren. Und die Kirche ist Mutter mit all dem, sie ist unsere Mutter! Wir sind keine Waisen, wir haben eine Mutter! Die Gottesmutter, die Mutter Kirche und unsere eigene Mutter! Wir sind keine Waisen, wir sind Kinder der Kirche, wir sind Kinder der Gottesmutter, und wir sind Kinder unserer eigenen Mütter.

Liebe Mütter, danke, danke für das, was ihr in der Familie seid, und für das, was ihr der Kirche und der Welt schenkt. Und dir, geliebte Kirche, danke, danke dafür, dass du Mutter bist. Und dir, Maria, Mutter Gottes, danke, dass zu uns Jesus sehen lässt. Und danke allen hier anwesenden Müttern: Wir grüßen sie mit einem Applaus!

Generalaudienz, 7. Januar 2015

Das Ja zu Gott

Maria, Frau des Hörens, lass unsere Ohren offen sein; lass uns das Wort deines Sohnes Jesus unter den tausend Worten dieser Welt heraushören; lass uns auf die Wirklichkeit, in der wir leben, hören, auf jeden Menschen, dem wir begegnen, und besonders auf den armen, den bedürftigen und den, der in Schwierigkeiten ist.

Maria, Frau der Entscheidung, erleuchte unseren Verstand und unser Herz, damit wir dem Wort deines Sohnes Jesus ohne Zögern zu gehorchen wissen; gib uns den Mut zur Entscheidung, dazu, uns nicht mitreißen zu lassen, so dass andere unser Leben bestimmen.

Maria, Frau des Handelns, lass unsere Hände und Füße zu den anderen »eilen«, um die Liebe deines Sohnes Jesus zu bringen, um wie du das Licht des Evangeliums in die Welt zu tragen. Amen.

Gebet an Maria nach dem Rosenkranzgebet,
Petersplatz, 31. Mai 2013

Gnadenbild *Schwarze Madonna von Altötting*

Gott ist unsere Stärke

Im Antwortpsalm haben wir gesungen: »Singt dem Herrn ein neues Lied; denn er hat wunderbare Taten vollbracht« (Ps 98,1).
Heute stehen wir vor einem dieser Wunder des Herrn: Maria! Ein bescheidenes, schwaches Geschöpf wie wir, das erwählt wurde, die Mutter Gottes, die Mutter ihres Schöpfers zu sein.
Gerade im Blick auf Maria möchte ich mit Euch im Licht der Lesungen, die wir gehört haben, über drei Tatsachen nachdenken: erstens: Gott überrascht uns, zweitens: Gott fordert Treue von uns, drittens: Gott ist unsere Stärke.

1. Erstens: Gott überrascht uns. Die Geschichte von Naaman, dem Feldherrn des Königs von Aram, ist einzigartig: Um vom Aussatz geheilt zu werden, wendet er sich an Elischa, den Propheten Gottes, und dieser vollzieht weder magische Riten, noch fordert er Außergewöhnliches von ihm, sondern verlangt nur, dass er Gott vertraut und sich im Wasser des Flusses wäscht – aber nicht in dem der großen Flüsse von Damaskus, sondern in dem des kleinen Jordan. Das ist eine Forderung, die Naaman verblüfft und auch überrascht: Kann denn, wer so Einfaches verlangt, ein Gott sein? Er will umkehren, doch dann tut er den Schritt, wäscht sich im Jordan und wird unverzüglich geheilt (vgl. 2 Kön 5,1–14). Wirklich: Gott überrascht uns. Gerade in der Armut, in der Schwachheit, in der Niedrigkeit zeigt er sich und schenkt uns seine Liebe, die uns rettet, uns heilt und uns Kraft verleiht. Er erwartet von uns nur, dass wir seinem Wort folgen und ihm vertrauen.

Das ist auch die Erfahrung der Jungfrau Maria: Angesichts der Verkündigung des Engels verbirgt sie nicht ihre Verwunderung. Es ist das Erstaunen zu sehen, dass Gott, um Mensch zu werden, ausgerechnet sie erwählt hat, ein einfaches Mädchen aus Nazareth, das nicht in den Palästen der Macht und des Reichtums wohnt, das keine außerordentlichen Heldentaten vollbracht hat, das aber offen ist für Gott und fähig, ihm zu vertrauen, auch wenn sie nicht alles versteht: »Ich bin die Magd des Herrn; mir geschehe, wie du es gesagt hast« (Lk 1,38). Das ist ihre Antwort. Gott überrascht uns immer, bricht unsere festen Vorstellungen auf, versetzt uns in Krise und sagt uns: Vertrau' auf mich, hab' keine Angst, lass dich überraschen, gehe aus dir selbst heraus und folge mir!

Heute wollen wir alle uns fragen, ob wir Angst haben vor dem, was Gott von uns verlangen könnte, oder vor dem, was er von uns verlangt. Lasse ich mich von Gott überraschen wie Maria, oder verschließe ich mich in meinen Sicherheiten, in materiellen Sicherheiten, in geistigen Sicherheiten, in ideologischen Sicherheiten, in Sicherheiten meiner Pläne? Lasse ich Gott wirklich in mein Leben eintreten? Wie antworte ich ihm?

2. In dem Textabschnitt des heiligen Paulus, den wir gehört haben, wendet sich der Apostel an seinen Schüler Timotheus und sagt ihm: Denk an Jesus Christus; wenn wir mit ihm standhaft bleiben, werden wir auch mit ihm herrschen (vgl. 2 Tim 2,8–13). Das ist der zweite Punkt: immer an Christus denken, ein Bewusstsein von Jesus Christus haben, und dies ist standhaft bleiben im Glauben: Gott überrascht uns mit seiner Liebe, aber fordert Treue in seiner Nachfolge. Wir können »un-treu« werden, aber er kann es nicht, er ist »der Treue« und er bittet uns um die gleiche Treue. Denken wir daran, wie oft wir uns für etwas begeistert haben, für eine Initiative, für einen Einsatz, aber dann, angesichts der ersten Probleme, haben wir das Handtuch geworfen. Und das geschieht leider auch in den grundlegenden Entscheidungen, wie der der Ehe. Die Schwierigkeit, beständig zu sein, treu gegenüber den gefassten Beschlüssen, gegenüber den übernommenen Verpflichtungen. Oft ist es leicht, »Ja« zu sagen, doch dann gelingt es einem nicht, dieses »Ja« täglich zu wiederholen. Man schafft es nicht, treu zu sein.

Maria hat ihr »Ja« zu Gott gesagt, ein »Ja«, das ihr bescheidenes Leben in Nazareth umgewälzt hat, aber es war nicht das einzige, nein, es war nur das erste von vielen »Ja«, die sie in ihrem Herzen gesprochen hat, in ihren frohen wie auch in den schmerzlichen Momenten, viele »Ja«, die in jenem unter dem Kreuz ihren Höhepunkt fanden. Heute sind hier viele Mütter zugegen. Bedenkt einmal, bis zu welchem Punkt Marias Treue gegenüber Gott reichte: ihren einzigen Sohn am Kreuz zu sehen. Die treue Frau, sie steht, innerlich zunichte gemacht, aber treu und stark.

Und ich frage mich: Bin ich ein Gelegenheitschrist oder bin ich immer Christ? Die Kultur des Provisorischen, des Relativen dringt auch in die Art, den Glauben zu leben, ein. Gott erwartet von uns, dass wir ihm treu sind, jeden Tag, in den alltäglichen Handlungen, und er fügt hinzu, dass er, sogar wenn wir ihm manchmal nicht treu sind, immer treu ist und in seiner Barmherzigkeit nicht müde wird, uns die Hand zu reichen, um uns wieder aufzurichten, uns zu ermutigen, den Weg wieder aufzunehmen, zu ihm zurückzukehren und ihm unsere Schwachheit einzugestehen, damit er uns seine Kraft schenkt. Und das ist der endgültige Weg: immer mit dem Herrn, auch in unseren Schwächen, auch in unseren Sünden. Gehen wir nie auf der Straße der Vorläufigkeit. Das tötet uns. Der Glaube ist endgültige Treue, wie jene Marias.

3. Der letzte Punkt: Gott ist unsere Stärke. Ich denke an die zehn Aussätzigen aus dem Evangelium, die von Jesus geheilt wurden: Sie gehen ihm entgegen, bleiben in der Ferne stehen und rufen: »Jesus, Meister, hab Erbarmen mit uns!« (Lk 17,13). Sie sind krank, bedürfen der Liebe, brauchen Kraft und suchen jemanden, der sie heilt. Und Jesus reagiert, indem er sie alle von ihrer Krankheit befreit. Bestürzend ist es aber zu sehen, dass nur einer zurückkehrt, um mit lauter Stimme Gott zu loben und ihm zu danken. Jesus selbst bemerkt es: Zehn haben gerufen, um Heilung zu erlangen, und nur einer ist zu-

rückgekehrt, um mit lauter Stimme Gott seinen Dank zu bekunden und zu bekennen, dass er unsere Stärke ist. Lob und Dank zu sagen wissen für alles, was der Herr für uns tut.

Schauen wir auf Maria: Das Erste, was sie nach der Verkündigung vollbringt, ist eine Tat der Nächstenliebe gegenüber ihrer alten Verwandten Elisabeth; und die ersten Worte, die sie spricht, sind: »Meine Seele preist die Größe des Herrn«, daher ein Lob- und Dankgesang an Gott, nicht nur für das, was er in ihr gewirkt hat, sondern für sein Handeln in der gesamten Heilsgeschichte. Alles ist sein Geschenk. Wenn wir verstehen können, dass alles Geschenk Gottes ist, welche Freude ist dann in unserem Herzen! Alles ist sein Geschenk. Er ist unsere Stärke! Dank sagen ist so einfach und doch so schwer! Wie oft sagen wir einander Dank in der Familie? Es ist eines der Schlüsselwörter des Zusammenlebens. »Bitte«, »Entschuldigung«, »Danke«: wenn man in einer Familie diese drei Worte sagt, kommt die Familie voran. »Bitte«, »Entschuldigung«, »Danke«. Wie oft sagen wir »danke« in der Familie? Wie oft sagen wir Dank dem, der uns hilft, uns nahe ist, uns im Leben begleitet? Oft nehmen wir alles selbstverständlich! Und das geschieht auch Gott gegenüber. Es ist leicht, zum Herrn zu gehen und ihn um etwas zu bitten. Aber ihm zu danken, das kommt mir nicht in den Sinn.

Wenn wir nun in der Eucharistiefeier fortfahren, wollen wir die Fürsprache Marias erbitten, damit sie uns helfe, uns vorbehaltlos von Gott überraschen zu lassen, ihm jeden Tag treu zu sein und ihn zu loben und ihm zu danken, weil er unsere Stärke ist.

Predigt zum Tag der Marienverehrung
aus Anlass des Jahres des Glaubens, 13. Oktober 2013

Zu Füßen unserer Mutter

Hier bei euch zu sein ist so, als fühlte ich mich zu Hause, zu Füßen unserer Mutter, der Jungfrau der Wunder von Caacupé. In so einem Heiligtum begegnen wir als Söhne und Töchter unserer Mutter. Und untereinander erinnern wir uns daran, dass wir Geschwister sind. Es ist ein Ort des Festes, der Begegnung, der Familie. Wir kommen, um unsere Nöte vorzubringen; wir kommen, um Dank zu sagen, um Verzeihung zu erflehen und um wieder neu anzufangen. Wie viele Taufen, wie viele Priester- und Ordensberufungen, wie viele Verlobungen und Hochzeiten sind zu Füßen unserer Mutter geboren! Wie viele Tränen und wie viele Abschiede! Wir kommen immer mit unserem Leben; denn hier sind wir zu Hause, und die beste Sache ist zu wissen, dass es jemanden gibt, der auf uns wartet.

Wie viele andere Male sind wir gekommen, weil wir unsere Kräfte erneuern wollten, um die Freude des Evangeliums zu leben. Wie sollten wir nicht anerkennen, dass dieses Heiligtum ein lebendiger Teil des paraguayischen Volkes – von euch – ist? So empfinden die Menschen hier, so beten sie, so singen sie: »In deinem Eden von Caacupé wohnt dein Volk, o reine Jungfrau, das dir seine Liebe und seinen Glauben bringt.« Und heute sind wir es hier als Volk Gottes zu Füßen unserer Mutter, um ihr unsere Liebe und unseren Glauben zu bringen.

Im Evangelium haben wir soeben die Verkündigung des Engels an Maria gehört, der ihr sagt: »Freue dich, du Begnadete, der Herr ist mit Dir« (vgl. Lk 1,28). Freue dich, Maria, freue dich! Angesichts dieses Grußes war sie verwirrt und fragte sich, was das zu bedeuten habe. Sie verstand nicht viel von dem, was da ablief. Aber sie begriff, dass es von Gott kam und sagte »Ja«. Ja zur Traum Gottes, ja zum Plan Gottes und ja zu Gottes Willen.

Wie wir wissen, war es ein »Ja«, dass keinesfalls leicht zu leben war. Ein »Ja«, das ihr nicht Privilegien oder Auszeichnungen gewährte, sondern, wie Simeon in seiner Prophetie sagen wird: »Dir selbst aber wird ein Schwert durch die Seele dringen« (Lk 2,35). Es hat sie durchbohrt! Deshalb lieben wir sie so sehr und finden in ihr eine wahre Mutter, die uns hilft, den Glauben und die Hoffnung zu leben auch inmitten der kompliziertesten Situationen. Auf der Linie der Prophetie des Simeon tut es uns gut, drei schwierige Momente des Lebens Marias kurz in der Erinnerung vorüberziehen zu lassen:

1. Die Geburt Jesu. Es war kein Platz für sie (vgl. Lk 2,7). Sie hatten kein Haus, keine Wohnstätte, um ihren Sohn willkommen zu heißen. Es gab keinen Platz, wo sie ihn zur Welt bringen konnten. Und es war auch keine Familie in der Nähe, sie waren allein. Der einzige verfügbare Ort war ein Viehstall. Und in ihrem Gedächtnis klangen die Worte des Engels nach: »Freue dich, Maria, der Herr ist mit dir«. Und sie hätte sich fragen können: Wo ist er jetzt?

2. Die Flucht nach Ägypten. Sie mussten wegziehen, ins Exil gehen. Sie hatten nicht nur keine Bleibe, keine Familie, sondern ihr Leben war sogar in Gefahr. Sie mussten sich auf den Weg machen und in ein fremdes Land gehen. Sie wurden zu Nichtsesshaften wegen der Gier und der Missgunst des Herrschers. Und da hätte sie sich fragen können: Wo ist jener, von dem mir der Engel gesprochen hat?

3. Der Tod am Kreuz. Es wird keine schwierigere Situation für eine Mutter geben, als dem Tod eines Sohnes oder einer Tochter beizuwohnen. Es sind herzzerreißende Momente. Und hier sehen wir Maria am Fuß des Kreuzes, unerschütterlich wie jede Mutter. Sie gibt nicht auf. Sie begleitet ihren Sohn bis zum Äußersten des Todes, bis zum Tod am Kreuz. Und dann ist sie es, die die Jünger zusammenhält und stützt.

Wir sehen ihr Leben, und wir fühlen uns verstanden. Wir können uns zum Beten niederlassen und eine gemeinsame Sprache verwenden angesichts einer Reihe von Situationen, die wir jeden Tag erfahren. Wir können uns mit vielen Situationen ihres Lebens identifizieren, ihr unsere Wirklichkeit erzählen, weil sie uns versteht.

Sie ist die Frau des Glaubens, ist die Mutter der Kirche; sie hat geglaubt. Ihr Leben ist Zeugnis dafür, dass Gott nicht enttäuscht, sein Volk nicht verlässt, auch wenn es Augenblicke oder Situationen gibt, in denen es scheint, als wäre er nicht da. Sie ist die erste Jüngerin gewesen, die ihren Sohn begleitet und die Hoffnung der Apostel in den schwierigen Momenten gestützt hat. Sie ist die Frau gewesen, die Acht gegeben hat und – als es schien, dass die Festfreude zu erlöschen begann – zu sagen wusste: »Sie haben keinen Wein mehr« (Joh 2,3). Sie ist die Frau gewesen, die zu ihrer Verwandten Elisabet ging und »etwa drei Monate bei ihr« (Lk 1,56) blieb, damit sie während der Geburt nicht allein sei.

Das alles wissen wir aus dem Evangelium, aber wir wissen auch, dass es auf dieser Erde unsere Mutter ist, die uns in so vielen schwierigen Situationen zur Seite gestanden hat. Dieses Heiligtum hütet und bewahrt das Gedächtnis eines Volkes, das weiß, dass Maria Mutter ist und immer an der Seite ihrer Söhne und Töchter ist und bleibt.

Sie ist und bleibt in unseren Krankenhäusern, in unseren Schulen, in unseren Häusern. Sie ist und bleibt bei uns in der Arbeit und auf dem Weg. Sie ist und bleibt am Tisch in jedem Haus. Sie ist und bleibt in der Bildung des Vaterlandes, indem sie uns zu einer Nation macht. Immer mit einer unaufdringlichen und leisen Gegenwart. Im Blick auf ein Marienbild, auf ein Andachtsbildchen oder auf eine Medaille. Unter dem Zeichen eines Rosenkranzes wissen wir, dass wir nicht allein sind.

Warum? Warum wollte Maria inmitten ihres Volkes bleiben, mit ihren Söhnen und Töchtern, mit ihrer Familie. Indem sie immer Jesus folgte, auf der Seite der Menge. Als gute Mutter wollte sie die Ihren nicht verlassen, sondern war im Gegenteil immer dort zu finden, wo ihr Sohn sie nötig haben könnte. Das tat sie, weil sie Mutter ist.

Eine Mutter, die gelernt hat zuzuhören und in so vielen Schwierigkeiten von jenem »Fürchte dich nicht«, »der Herr ist mit dir (Lk 1,30.28) zu leben. Eine Mutter, die uns immer wieder sagt: »Was er euch sagt, das tut« (Joh 2,5). Das ist ihre beständige und fortwährende Einladung: »Was er euch sagt, das tut«. Sie hat kein eigens Programm, sie kommt nicht um uns etwas Neues zu sagen, nur ihr Glaube begleitet unseren Glauben.

Ihr wisst das, ihr habt davon Erfahrung gemacht, was wir hier miteinander besprechen. Ihr alle, alle Paraguayer haben das lebendige Gedächtnis eines Volkes, das diese Worte des Evangeliums haben zu Fleisch werden lassen. Und ich möchte mich in besonderer Weise an euch paraguayische Frauen und Mütter wenden, die ihr mit großem Mut und Opferbereitschaft ein vom Krieg zerstörtes, versunkenes und überschwemmtes Land wieder aufgerichtet habt. Ihr habt das Gedächtnis, das Erbgut jener Frauen, die das Leben, den Glauben und die Würde eures Volkes wieder hergestellt haben. Wie Maria habt ihr sehr, wirklich sehr schwere Situationen gemeistert, die einer allgemeinen Logik entsprechend gegen jeden Glauben gewesen wären. Ihr habt dagegen wie Maria, getrieben und getragen von ihrem Beispiel, weiter geglaubt, auch voll Hoffnung gegen alle Hoffnung (vgl. Röm 4,18). Als alles zusammenzubrechen schien, habt ihr euch mit Maria gesagt: Wir fürchten uns nicht, der Herr ist mit uns, er ist mit unserem Volk, mit unseren Familien, tun wir, was er uns sagt. Und daher habt ihr in der Vergangenheit die Kraft gefunden, um nicht zuzulassen, dass diese Erde im Chaos versinkt. Und ihr findet sie auch heute. Gott segne diese Ausdauer, Gott segne und stärke euren Glauben, Gott segne die paraguayische Frau, die ruhmreichste Amerikas.

Als Volk sind wir zu unserem Haus gekommen, zum Haus des paraguayischen Vaterlandes, um noch einmal diese Worte zu hören, die uns so gut tun: »Freue dich, ... der Herr ist mit dir«. Es ist ein Appell, nicht das Gedächtnis zu verlieren, die Wurzeln, die so vielen Zeugnisse, die ihr von gläubigen Menschen empfangen habt, die in den Kämpfen des Lebens verstrickt waren. Ein Glaube, der zum Leben geworden ist, ein Leben, das zur Hoffnung wurde, und eine Hoffnung, die uns dazu führt, in der Liebe vorauszugehen. Ja, nach der Art Jesu, vorauszugehen in der Liebe. Seid Träger dieses Glaubens, dieses Lebens, dieser Hoffnung! Seid Erbauer des Heute und des Morgen Paraguays!

Predigt bei der Heiligen Messe
auf dem Platz vor dem Marienheiligtum
von Caacupé (Paraguay), 11. Juli 2015

Mutter der Barmherzigkeit

Mutter der Stille,
die das Geheimnis Gottes bewahrt,
befreie uns von der Vergötzung der
Gegenwart, zu der derjenige verurteilt ist,
der vergisst.

Mutter der Schönheit,
die aus der Treue zur täglichen
Arbeit erblüht,
wecke uns aus der Benommenheit
der Trägheit, der Engherzigkeit und
der Resignation.

Mutter der Zärtlichkeit,
die mit Geduld und Barmherzigkeit umhüllt,
hilf uns, Traurigkeit, Ungeduld und
Härte dessen zu verbrennen, der keine
Zugehörigkeit kennt.

Bitte bei deinem Sohn, damit unsere Hände,
Füße und Herzen geschickt seien:
Wir werden die Kirche mit der Wahrheit in
Liebe aufbauen.

Mutter, wir werden das Volk Gottes sein,
auf dem Pilgerweg zum Reich Gottes.

Feierliches Glaubensbekenntnis mit der
italienischen Bischofskonferenz, 23. Mai 2013

Lucas Cranach der Ältere, *Gnadenbild Mariahilf*

»Mutter reich an heiliger Fröhlichkeit!«

Salve, Mater misericordiae! Mit diesem Gruß wollen wir uns an die Jungfrau Maria wenden in der römischen Basilika, die ihr unter dem Titel »Mutter Gottes« geweiht ist. Dieser Gruß ist der Anfang eines alten Hymnus, den wir am Ende dieser Eucharistiefeier singen werden. Er geht auf einen unbekannten Autor zurück und kam auf uns als ein Gebet, dass spontan dem Herzen der Gläubigen entspringt: »Gruß dir, Mutter der Barmherzigkeit, Mutter Gottes und Mutter der Vergebung, Mutter der Hoffnung und Mutter der Gnade, Mutter reich an heiliger Fröhlichkeit.« In diesen wenigen Worten findet sich eine Zusammenfassung des Glaubens von Generationen von Menschen, die ihre Augen fest auf die Ikone der Jungfrau gerichtet halten und Maria um ihre Fürsprache und um Trost bitten.

Mehr denn je ist es angebracht, am heutigen Tag die Jungfrau Maria vor allem als Mutter der Barmherzigkeit anzurufen. Die Heilige Pforte, die wir geöffnet haben, ist tatsächlich eine Pforte der Barmherzigkeit. Wer immer über jene Schwelle schreitet, ist gerufen, voll Vertrauen und ohne irgendwelche Furcht in die barmherzige Liebe des Vaters einzutauchen; und er kann von dieser Basilika mit der Zuversicht – mit der Zuversicht! – wieder fortgehen, dass Maria ihn an seiner Seite begleitet. Sie ist die Mutter der Barmherzigkeit, denn sie hat in ihrem Schoß das Antlitz der göttlichen Barmherzigkeit geboren, Jesus, den Emmanuel, Erwartung aller Völker und »Fürst des Friedens« (Jes 9,5). Der Sohn Gottes, der zu unserem Heil Fleisch annahm, hat uns seine Mutter geschenkt. Zusammen mit uns wird sie zur Pilgerin, um uns auf dem Weg unseres Lebens nicht allein zu lassen, vor allem in den Augenblicken der Unsicherheit und des Schmerzes.

Maria ist die Muttergottes, sie ist die Mutter des Gottes, der vergibt, der Vergebung schenkt, und deswegen können wir sagen, sie ist Mutter der Vergebung. Dieses Wort – »Vergebung« –, das vom weltlichen Denken so unverstanden ist, weist hingegen auf die eigentliche, originale Frucht des christlichen Glaubens hin. Wer nicht zu vergeben weiß, hat die Fülle der Liebe noch nicht erfahren. Und nur wer wirklich liebt, ist imstande, bis zur Vergebung zu gelangen, indem er die erlittene Beleidigung vergisst. Unter dem Kreuz sieht Maria ihren Sohn, der sich selbst ganz hingibt und auf diese Weise bezeugt, was es heißt, zu lieben wie Gott liebt. In diesem Augenblick hört sie Jesus Worte sprechen, die wahrscheinlich dem entspringen, was sie selbst ihn von Kind auf gelehrt hat: »Vater, vergib ihnen, denn sie wissen nicht, was sie tun« (Lk 23,34). In diesem Augenblick wurde Maria für uns alle zur Mutter der Vergebung. Nach dem Beispiel Jesu und mit seiner Gnade war sie fähig, denen zu vergeben, die gerade ihren unschuldigen Sohn töteten.

Für uns wird Maria zum Bild, wie die Kirche die Vergebung auf die ausdehnen muss, welche sie erflehen. Die Mutter der Vergebung lehrt die Kirche, dass die auf Golgota dargebotene Vergebung keine Grenzen kennt. Das Gesetz mit seinen Spitzfindigkeiten kann sie nicht aufhalten, noch die Weisheit der Welt mit ihren Unterscheidungen. Die Vergebung der Kirche muss die gleiche Ausdehnung haben wie die Vergebung Jesu am Kreuz und jene Marias unter dem Kreuz. Es gibt keine Alternative. Eben deswegen hat der Heilige Geist die Apostel zu wirksamen Werkzeugen der Vergebung gemacht, damit das, was vom Tod Jesu erlangt wurde, jeden Menschen an jedem Ort und zu jeder Zeit erreichen kann (vgl. Joh 20,19–23).

Der Marienhymnus fährt schließlich weiter fort: »Mutter der Hoffnung und Mutter der Gnade, Mutter reich an heiliger Fröhlichkeit.« Die Hoffnung, die Gnade und die heilige Fröhlichkeit sind Schwestern: alle sind sie Gabe Christi, ja mehr noch, sie sind ebenso seine Namen, die sozusagen in sein Fleisch eingeschrieben sind. Das Geschenk, das uns Maria mit der Gabe Jesu Christi macht, ist das der

Vergebung, die das Leben erneuert, die es dem Leben erlaubt, wieder den Willen des Vaters zu tun, und die es mit wahrer Glückseligkeit erfüllt. Diese Gnade öffnet das Herz, um mit der Freude dessen, der Hoffnung hat, auf die Zukunft zu schauen. Diese Lehre kommt auch vom Psalm: »Erschaffe mir, Gott, ein reines Herz, und gib mir einen neuen, beständigen Geist! [...] Mach mich wieder froh mit deinem Heil« (Ps 51,12.14). Die Kraft der Vergebung ist das wahre Gegenmittel zur Traurigkeit, die von Groll und Rache hervorgerufen wird. Die Vergebung öffnet für die Freude und die Gelassenheit, denn sie befreit die Seele von den Gedanken des Todes, während der Groll und die Rache den Geist aufstacheln und das Herz zerreißen, indem sie ihm die Ruhe und den Frieden wegnehmen. Groll und Rache sind hässliche Dinge.

Durchschreiten wir also die Heilige Pforte der Barmherzigkeit in der Gewissheit, dass die heilige Jungfrau und Mutter Maria uns begleitet, die Mutter Gottes, die für uns als Fürsprecherin eintritt. Lassen wir uns von ihr begleiten, um die Schönheit der Begegnung mit ihrem Sohn Jesus zu entdecken. Öffnen wir weit unser Herz für die Freude über die Vergebung, und tun wir dies im Bewusstsein der vertrauensvollen Hoffnung, die uns wiedergegeben wird, um unser tägliches Leben zu einem einfachen Werkzeug der Liebe Gottes zu machen.
Und mit kindlicher Liebe rufen wir Maria mit denselben Worten an wie das Volk von Ephesus zu Zeiten des geschichtsträchtigen Konzils: »Heilige Mutter Gottes!« Und ich lade euch alle ein, diese Anrufung dreimal zu sprechen, kräftig, mit ganzem Herzen und mit Liebe. Alle zusammen: »Heilige Mutter Gottes! Heilige Mutter Gottes! Heilige Mutter Gottes!«.

PREDIGT BEI DER HEILIGEN MESSE UND
ÖFFNUNG DER HEILIGEN PFORTE IN DER
BASILIKA S. MARIA MAGGIORE, 1. JANUAR 2016

»Gott freut sich besonders über Maria«

»Der Herr, dein Gott, ist in deiner Mitte [...] Er freut sich und jubelt über dich, er erneuert seine Liebe zu dir, er jubelt über dich und frohlockt, wie man frohlockt an einem Festtag« (Zef 3,17). Diese an Israel gerichteten Worte des Propheten Zefanja können auch auf unsere Mutter, die Jungfrau Maria, bezogen werden, auf die Kirche und auf jeden von uns, auf unsere Seele, die Gott mit barmherziger Liebe liebt. Ja, Gott liebt uns so sehr, dass er sich sogar über uns freut und jubelt. Er liebt uns mit unentgeltlicher, grenzenloser Liebe, ohne irgendeine Gegenleistung zu erwarten – am Pelagianismus hat er kein Gefallen. Diese barmherzige Liebe ist das überraschendste Wesensmerkmal Gottes, die Synthese, in der die Botschaft des Evangeliums und der Glaube der Kirche zusammengefasst sind.

Das Wort »Barmherzigkeit«ist eine Lehnübersetzung des lateinischen »misericordia«, das aus zwei Begriffen zusammengesetzt ist: miseria = Elend und cors = Herz. Das Herz bezeichnet die Fähigkeit zu lieben; die Barmherzigkeit ist die Liebe, die das Elend des Menschen umgreift. Es ist eine Liebe, die unsere Bedürftigkeit und Ärmlichkeit »mitfühlt«, als sei sie die eigene, um uns aus ihr zu befreien. »Nicht darin besteht die Liebe, dass wir Gott geliebt haben, sondern dass er uns [zuerst] geliebt und seinen Sohn als Sühne für unsere Sünden gesandt hat« (1 Joh 4,10). »Das Wort ist Fleisch geworden (Joh 1,14)« – auch am Gnostizismus hat Gott kein Gefallen – und wollte all unsere Gebrechlichkeiten mit uns teilen. Gott wollte unseren menschlichen Zustand erfahren bis zu dem Punkt, am Kreuz alles Leid des menschlichen Lebens auf sich zu nehmen. Das ist der Abgrund seines Mitleids und seiner Barmherzigkeit: ein Sich-Entäußern um zum Gefährten und Diener der verwundeten Menschheit zu werden. Keine Sünde kann seine barmherzige Nähe zunichte machen, noch ihn daran hindern, seine Gnade für die Umkehr wirken zu lassen, vorausgesetzt, dass wir sie erbitten. Ja, die Sünde selbst lässt die Liebe Gottes des Vaters noch stärker erstrahlen: Um den Knecht zu erlösen, hat er seinen Sohn hingegeben. Diese Barmherzigkeit Gottes kommt zu uns mit der Gabe des Heiligen Geistes, der in der Taufe das neue Leben seiner Jünger möglich macht, es hervorbringt und nährt. So groß und schwer die Sünden der Welt auch sein mögen – der Heilige Geist, der das Angesicht der Erde erneuert, ermöglicht das Wunder eines menschlicheren Lebens voller Freude und Hoffnung.

Und auch wir rufen jubelnd: »Der Herr ist mein Gott und mein Retter!« »Der Herr ist nahe.« Das sagt uns der Apostel Paulus: »Sorgt euch um nichts, der Herr ist nahe!« (Phil 4,6.5) – und nicht er allein, sondern gemeinsam mit seiner Mutter. Sie sagte zum heiligen Juan Diego: »Warum hast du Angst? Bin denn ich, die ich doch deine Mutter bin, etwa nicht hier?« Er ist nahe. Er und seine Mutter. Seine größte Barmherzigkeit wurzelt darin, dass er mitten unter uns ist, in seiner Gegenwart und seiner Gesellschaft. Er geht gemeinsam mit uns voran, zeigt uns den Weg der Liebe, hebt uns auf, wenn wir gefallen sind – und mit welcher Zärtlichkeit tut er das! –, hält uns aufrecht in unseren Mühen und begleitet uns in allen Umständen unseres Lebens. Er öffnet uns die Augen, damit wir das eigene Elend und das der Welt sehen, erfüllt uns aber zugleich mit Hoffnung. »Und der Friede Gottes [...] wird eure Herzen und eure Gedanken in der Gemeinschaft mit Christus Jesus bewahren« (Phil 4,7), sagt uns Paulus. Das ist die Quelle unseres versöhnten und frohen Lebens; nichts und niemand kann uns diesen Frieden und diese Freude nehmen, trotz aller Leiden und Prüfungen des Lebens. Der Herr öffnet uns mit seiner Zärtlichkeit sein Herz, öffnet uns seine Liebe – gegen Formen von Starrheit ist er allergisch. Pflegen wir diese Erfahrung von Barmherzigkeit, Frieden und Hoffnung auf dem Weg des Advents, den wir beschreiten, und im Licht des Jubiläumsjahres! Wie Johannes der

Täufer den Armen die Frohe Botschaft zu verkünden und dabei Werke der Barmherzigkeit zu vollbringen, ist eine gute Art, das Kommen Jesu an Weihnachten zu erwarten. Es bedeutet, ihn, der alles gab, der sich selbst ganz hingab, nachzuahmen. Das ist seine Barmherzigkeit, ohne irgendeine Gegenleistung zu erwarten.

Gott freut sich und jubelt ganz besonders über Maria. In einem der beliebtesten Gebete der Christenheit, dem Salva Regina, nennen wir Maria »Mutter der Barmherzigkeit«. Sie hat die göttliche Barmherzigkeit erfahren und in ihrem Schoß die Quelle selbst dieser Barmherzigkeit empfangen: Jesus Christus. Sie, die immer in enger Verbundenheit mit ihrem Sohn gelebt hat, weiß besser als alle, was er möchte: dass alle Menschen gerettet werden, dass niemandem jemals die zärtliche Liebe und der Trost Gottes fehlt. Möge Maria, die Mutter der Barmherzigkeit, uns helfen zu begreifen, wie sehr Gott uns liebt!

Der allerseligsten Jungfrau Maria anempfehlen wir die Leiden und die Freuden der Völker des gesamten amerikanischen Kontinents, die sie als Mutter lieben und sie unter dem herzlich empfundenen Titel »Unsere Liebe Frau von Guadalupe« als Patronin erkennen. »Ihr liebevoller Blick begleite uns durch dieses Heilige Jahr, damit wir alle die Freude an der Zärtlichkeit Gottes wiederentdecken können« (Verkündigungsbulle Misericordiae vultus, 24). Sie bitten wir in diesem Jubiläumsjahr, dass es ein Same barmherziger Liebe in den Herzen der Menschen, der Familien und der Nationen sei. Dass sie immer wieder zu uns sage: »Hab' keine Angst, bin denn ich, die ich doch deine Mutter – die Mutter der Barmherzigkeit – bin, etwa nicht hier?« Dass wir zu barmherzigen Menschen werden und dass die christlichen Gemeinschaften es verstehen mögen, Oasen und Quellen der Barmherzigkeit zu sein, Zeugen einer Liebe, die keine Ausschließungen zulässt! Um das mit großem Nachdruck zu erbitten, werde ich am kommenden 13. Februar zu ihrem Heiligtum reisen und ihr dort meine Verehrung bezeigen. Dort werde ich all das für ganz Amerika erbitten, dessen Mutter sie in besonderer Weise ist. Ich flehe sie an, die Schritte ihres amerikanischen Volkes, des pilgernden Volkes auf der Suche nach der Mutter der Barmherzigkeit, zu leiten, und erbitte nur eines von ihr: dass sie ihm ihren Sohn Jesus zeigt.

Predigt bei der Heiligen Messe zum Fest Unserer Lieben Frau von Guadelupe, Petersdom, 12. Dezember 2015

Lade des Bundes zwischen Gott und den Menschen

Unser Gedanke richtet sich nun auf die Mutter der Barmherzigkeit. Ihr liebevoller Blick begleite uns durch dieses Heilige Jahr, damit wir alle die Freude der Zärtlichkeit Gottes wiederentdecken können. Kein anderer hat so wie Maria die Tiefe des Geheimnisses der Menschwerdung Gottes kennen gelernt. Ihr ganzes Leben war geprägt von der Gegenwart der fleischgewordenen Barmherzigkeit. Die Mutter des Gekreuzigten und Auferstandenen ist eingetreten in das Heiligtum der göttlichen Barmherzigkeit, denn sie hatte zutiefst Anteil am Geheimnis seiner Liebe.

Dazu erwählt, die Mutter des Sohnes Gottes zu sein, war Maria von Anbeginn an von der Liebe des Vaters vorbereitet worden, um die Lade des Bundes zu sein, des Bundes zwischen Gott und den Menschen. In ihrem Herzen hat sie die Barmherzigkeit Gottes bewahrt, in völligem Einklang mit ihrem Sohn Jesus. Ihr Lobgesang auf der Schwelle des Hauses der Elisabeth war der Barmherzigkeit gewidmet, die sich erstreckt »von Geschlecht zu Geschlecht« (Lk 1,50). Auch wir waren schon in diesen prophetischen Worten der Jungfrau Maria anwesend. Das wird uns Trost und Stärke sein, wenn wir die

Heilige Pforte durchschreiten, um die Frucht der göttlichen Barmherzigkeit zu erfahren.

Unter dem Kreuz ist Maria, gemeinsam mit Johannes, dem Jünger, den Er liebte, Zeugin der Worte der Vergebung, die über die Lippen Jesu kamen. Diese höchste Form der Vergebung für die, die ihn gekreuzigt haben, zeigt uns, wie weit die Barmherzigkeit Gottes geht. Maria bezeugt, dass die Barmherzigkeit des Sohnes Gottes grenzenlos ist und alle erreicht, ohne jemanden auszuschließen. Richten wir an sie das uralte und doch stets neue Gebet des Salve Regina, dass sie nie müde werde, uns ihre barmherzigen Augen zuzuwenden, und uns würdig mache, das Antlitz der Barmherzigkeit zu betrachten, ihren Sohn Jesus Christus.

Aus der Verkündigungsbulle des Ausserordentlichen Jubiläums der Barmherzigkeit Misericordiae Vultus, 11. April 2015

»Fürsorge Marias spiegelt sich die zärtliche Liebe Gottes«

Der XXIV. Welttag der Kranken gibt mir Gelegenheit, euch, liebe Kranke, und den Menschen, die euch pflegen, besonders nahe zu sein. Da die Feier dieses Ereignisses in diesem Jahr im Heiligen Land stattfinden wird, schlage ich vor, das Evangelium von der Hochzeit in Kana zu betrachten (Joh 2,1–11), wo Jesus auf die Initiative seiner Mutter hin sein erstes Wunder wirkte. Darüber hinaus passt das gewählte Thema – Sich wie Maria dem barmherzigen Jesus anvertrauen: »Was er euch sagt, das tut!« (Joh 2,5) – sehr gut zum Außerordentlichen Jubiläum der Barmherzigkeit. Die zentrale Eucharistiefeier des Welttags der Kranken wird am 11. Februar 2016, dem liturgischen Gedenktag Unserer Lieben Frau in Lourdes, eben in Nazareth begangen, wo »das Wort Fleisch geworden ist und unter uns gewohnt hat« (Joh 1,14). In Nazareth nahm Jesus seine Heilssendung auf, indem er die Worte des Propheten Jesaja auf sich selbst bezog, wie uns der Evangelist Lukas berichtet: »Der Geist des Herrn ruht auf mir; denn der Herr hat mich gesalbt. Er hat mich gesandt, damit ich den Armen eine gute Nachricht bringe; damit ich den Gefangenen die Entlassung verkünde und den Blinden das Augenlicht; damit ich die Zerschlagenen in Freiheit setze und ein Gnadenjahr des Herrn ausrufe« (4,18–19).

Eine Krankheit, besonders wenn sie schwer ist, bedeutet stets eine Krise für die menschliche Existenz und wirft tiefschürfende Fragen auf. Im ersten Augenblick kann es Auflehnung sein: Warum gerade ich? Man könnte der Verzweiflung nachgeben und denken, dass alles verloren ist, dass jetzt nichts mehr einen Sinn hat…

In solchen Situationen wird der Glaube an Gott einerseits auf die Probe gestellt, aber andererseits offenbart er zugleich sein ganzes positives Potential. Nicht weil der Glaube die Krankheit, den Schmerz oder die daraus entstehenden Fragen zum Verschwinden bringt, sondern weil er einen Schlüssel anbietet, mit dem wir den tieferen Sinn dessen entdecken können, was wir erleben: ein Schlüssel, der uns zu sehen hilft, dass die Krankheit Weg zu einer größeren Nähe zu Jesus sein kann, der mit dem Kreuz beladen an unserer Seite geht. Und diesen Schlüssel gibt uns die Mutter, Maria, die diesen Weg gut kennt.

Bei der Hochzeit in Kana ist Maria die fürsorgliche Frau, die ein für das Brautpaar sehr wichtiges Problem bemerkt: Der Wein, Symbol der Festfreude, ist ausgegangen. Maria erkennt das Problem, macht es sich in gewisser Weise zu eigen und handelt unverzüglich und diskret. Sie sieht nicht tatenlos zu und noch viel weniger hält sie sich damit auf, ein Urteil abzugeben, sondern sie wendet sich an Jesus und legt ihm das Problem so dar, wie es ist: »Sie haben keinen Wein mehr« (Joh 2,3). Und als Jesus sie daran erinnert, dass seine Stunde, sich zu offenbaren, noch nicht gekommen ist (vgl. Joh 2,4), sagt sie zu den Dienern: »Was er euch sagt, das tut!« (Joh 2,5). Dann wirkt Jesus das Wunder, bei dem er eine große Menge Wasser in Wein verwandelt, und zwar einen Wein, der sich sofort als der beste Wein des Festes erweist. Was lehrt uns das Geheimnis der Hochzeit in Kana im Hinblick auf den Welttag der Kranken?

Das Hochzeitsmahl in Kana ist ein Bild für die Kirche: Im Mittelpunkt steht der barmherzige Jesus, der das Zeichen vollbringt. Um ihn sind seine Jünger versammelt, die Erstlingsfrüchte der neuen Gemeinschaft, und nahe bei Jesus und seinen Jüngern ist Maria, die fürsorgliche und betende Mutter. Maria nimmt an der Freude der einfachen Menschen teil und trägt dazu bei, sie zu vermehren; sie hält bei ihrem Sohn Fürsprache für das Wohl des Brautpaares und aller geladenen Gäste. Und Jesus hat die Bitte seiner Mutter nicht zurückgewiesen. Wie viel Hoffnung liegt in dieser Begebenheit für uns alle! Wir haben eine Mutter, die einen wachsamen und gütigen Blick hat wie ihr Sohn; ein mütterliches und von Barmherzigkeit erfülltes Herz wie er; Hände, die helfen wollen, wie die Hände Jesu, die den Hungrigen das Brot brachen, die die Kranken berührten und sie heilten. Das erfüllt uns mit Vertrauen und macht uns offen für die Gnade und Barmherzigkeit Christi. Die Fürsprache Marias lässt uns den Trost erfahren, für den der Apostel Paulus Gott preist: »Gepriesen sei der Gott und Vater Jesu Christi, unseres Herrn, der Vater des Erbarmens und der Gott allen Trostes. Er tröstet uns in all unserer Not, damit auch wir die Kraft haben, alle zu trösten, die in Not sind, durch den Trost, mit dem auch wir von Gott getröstet werden. Wie uns nämlich die Leiden Christi überreich zuteil geworden sind, so wird uns durch Christus auch überreicher Trost zuteil« (2 Kor 1,3–5). Maria ist die »getröstete« Mutter, die ihre Kinder tröstet.

In Kana zeichnen sich die charakteristischen Merkmale Jesu und seiner Sendung ab: Er ist derjenige, der den Menschen in Schwierigkeiten und in der Not hilft. In seinem messianischen Dienst wird er in der Tat viele von Krankheiten, Leiden und bösen Geistern heilen, er wird den Blinden das Augenlicht schenken, den Lahmen zum Gehen verhelfen, den Aussätzigen Gesundheit und Würde wiedergeben, die Toten auferwecken, den Armen die frohe Botschaft verkünden (vgl. Lk 7,21–22). Und die dem mütterlichen Herzen Marias vom Heiligen Geist eingegebene Bitte ließ beim Hochzeitsmahl nicht nur die messianische Macht Jesu hervortreten, sondern auch seine Barmherzigkeit.

In der Fürsorge Marias spiegelt sich die zärtliche Liebe Gottes. Diese Zärtlichkeit wird im Leben vieler Menschen gegenwärtig, die den Kranken zur Seite stehen und deren Bedürfnisse zu erkennen wissen, auch die kaum wahrnehmbaren, denn sie haben einen Blick voller Liebe. Wie oft legt eine Mutter am Krankenbett ihres Kindes ihre Bitten in die Hände der Muttergottes, oder ein Sohn oder eine Tochter, die sich um die betagten Eltern kümmern, oder ein Enkel, der für seine Großmutter oder seinen Großvater sorgt! Für unsere Lieben, die unter einer Krankheit leiden, bitten wir an erster Stelle um Gesundheit. Jesus selbst hat die Gegenwart des Reiches Gottes gerade durch Heilungen offenbart: »Geht und berichtet Johannes, was ihr hört und seht: Blinde sehen wieder und Lahme gehen; Aussätzige werden rein und Taube hören; Tote stehen auf« (Mt 11,4–5). Aber die vom Glauben beseelte Liebe lässt uns um etwas Größeres für sie bitten als körperliche Gesundheit: Wir bitten um einen Frieden, einen Lebensmut, der aus dem Herzen kommt und Geschenk Gottes ist, Frucht des Heiligen Geistes, den der Vater denen niemals verweigert, die ihn vertrauensvoll darum bitten.

Neben Jesus und seiner Mutter gibt es bei der Hochzeit in Kana auch jene, die »Diener« genannt werden und die von Maria den Hinweis erhalten: »Was er euch sagt, das tut!« (Joh 2,5). Natürlich geschieht das Wunder durch Jesus. Dennoch will er sich der menschlichen Hilfe bedienen, um das Wunder zu wirken. Er hätte den Wein direkt in die Krüge zaubern können. Aber er will auf die Mitarbeit des Menschen zählen und bittet die Diener, die Krüge mit Wasser zu füllen. Wie kostbar und Gott wohlgefällig ist es, Diener der anderen zu sein! Das macht uns mehr als alles Andere Jesus ähnlich, der »nicht gekommen ist, um sich dienen zu lassen, sondern um zu dienen« (Mk 10,45). Diese namenlosen Personen des Evangeliums lehren uns sehr viel. Sie gehorchen nicht nur, sondern sie gehorchen großherzig: Sie füllen die Krüge bis zum Rand (vgl. Joh 2,7). Sie vertrauen der Mutter und tun das, was von ihnen erbeten wird, sofort und gut, ohne sich darüber zu beklagen, ohne Kalkül.

An diesem Welttag der Kranken wollen wir den barmherzigen Jesus auf die Fürsprache Marias, seiner und unserer Mutter, bitten, uns allen diese Bereitschaft zum Dienst an den Bedürftigen, und konkret an unseren kranken Brüdern und Schwestern, zu schenken. Zuweilen kann dieser Dienst mühevoll, belastend sein, aber wir können sicher sein, dass der Herr es nicht daran fehlen lassen wird, unser menschliches Bemühen in etwas Göttliches zu verwandeln. Auch wir können Hände, Arme, Herzen sein, die Gott helfen, seine häufig verborgenen Wunder zu vollbringen. Auch wir, ob gesund oder krank, können unsere Mühen und Leiden darbringen wie jenes Wasser, das bei der Hochzeit in Kana die Krüge füllte und in den besten Wein verwandelt wurde. Mit der unaufdringlichen Hilfe für die Leidenden nimmt man, genauso wie in der Krankheit, das tägliche Kreuz auf die Schultern und folgt dem Meister nach (vgl. Lk 9,23); und auch wenn die Begegnung mit dem Leid immer ein Geheimnis bleiben wird, hilft uns Jesus, dessen Sinn zu enthüllen.

Wenn wir der Stimme der Mutter zu folgen wissen, die auch zu uns spricht: »Was er euch sagt, das tut!« (Joh 2,5), dann wird Jesus das Wasser unseres Lebens immer in edlen Wein verwandeln. So wird dieser im Heiligen Land feierlich begangene Welttag der Kranken zur Verwirklichung des Wunsches beitragen, den ich in der Bulle zur Ausrufung des Außerordentlichen Jubiläums der Barmherzigkeit zum Ausdruck gebracht habe: »Dieses Jubiläumsjahr, das wir im Geist der Barmherzigkeit leben, mag die Begegnung mit [dem Judentum und dem Islam sowie mit] anderen ehrwürdigen religiösen Traditionen fördern. Es mache uns offener für den Dialog, damit wir uns besser kennen und verstehen lernen. Es überwinde jede Form der Verschlossenheit und Verachtung und vertreibe alle Form von Gewalt und Diskriminierung« (Misericordiae Vultus, 23). Jedes Krankenhaus oder Pflegeheim kann sichtbares Zeichen und Ort zur Förderung der Kultur der Begegnung und des Friedens sein, wo die Erfahrung von Krankheit und Leid wie auch die professionelle und brüderliche Hilfe dazu beitragen, jede Ausgrenzung und jede Spaltung zu überwinden.

All jenen, die im Dienst der Kranken und Leidenden stehen, wünsche ich, dass sie vom Geist Marias, Mutter der Barmherzigkeit, beseelt sind. »Ihr liebevoller Blick begleite uns durch dieses Heilige Jahr, damit wir alle die Freude der Zärtlichkeit Gottes wiederentdecken« (ebd.) und sie in unsere Herzen und Gesten einprägen können. Vertrauen wir der Fürsprache der Jungfrau Maria die Ängste und Nöte an, gemeinsam mit der Freude und dem Trost, den wir erhalten. Richten wir an sie unser Gebet, auf dass sie uns ihre barmherzigen Augen zuwende, besonders in den Augenblicken des Schmerzes, und uns würdig mache, heute und auf ewig das Antlitz der Barmherzigkeit zu schauen, ihren Sohn Jesus.

Botschaft zum XXIV. Welttag der Kranken 2016 unter dem Motto
»Sich wie Maria dem barmherzigen Jesus anvertrauen:»
Was er euch sagt, das tut!« (Joh 2,5)«

Maria, schenk uns deinen Blick!

Gegrüßet seist du, Maria, voll der Gnade,
der Herr ist mit dir. Du bist gebenedeit
unter den Frauen,
und gebenedeit ist die Frucht deines Leibes, Jesus.
Heilige Maria, Mutter Gottes, bitte für uns Sünder
jetzt und in der Stunde unseres Todes.

El Greco (Werkstatt), *Mater Dolorosa*

»Der Blick der Jungfrau ist ein immerwährendes Geschenk«

Wir hören, wie Jesus seine Mutter angesehen hat. Vom Kreuz herab sah er sie an, wies auf uns alle und sagte zu ihr: »Da ist dein Sohn, da sind deine Kinder.« Und Maria wird sich, als sie diesen Blick Jesu auf sich spürte, an jenen anderen Blick erinnert haben, der sie gut 30 Jahre zuvor, als sie noch ein junges Mädchen war, in Jubel hatte ausbrechen lassen: den Blick des Vaters. Und sie fühlte, dass der Vater auf ihre Niedrigkeit geschaut hatte. Auf die kleine Maria, unsere Mutter, zu der wir heute gekommen sind, um ihrem Blick zu begegnen. Denn ihr Blick ist wie die Fortsetzung jenes Blickes, mit dem der Vater auf ihre Niedrigkeit geschaut und sie zur Mutter Gottes gemacht hat. Und wie der Blick des Sohnes am Kreuz, der sie zu unserer Mutter gemacht hat. Mit diesem Blick sieht sie uns heute an. Und wir sind heute nach einem langen Weg an diesem Ort der Ruhe eingetroffen – denn genau das ist der Blick der Jungfrau: ein Ort der Ruhe –, um ihr von uns zu erzählen.

Wir brauchen ihren zärtlichen, ihren mütterlichen Blick, der den Schleier von unserer Seele nimmt. Ihren Blick voller Mitgefühl und Fürsorge. Und deshalb sagen wir heute zu ihr: »Mutter, schenk uns deinen Blick.« Denn der Blick der Jungfrau ist ein Geschenk, man kann ihn nicht kaufen. Er ist Ihr

Geschenk. Er ist ein Geschenk des Vaters und ein Geschenk des gekreuzigten Jesus. »Mutter, schenk uns deinen Blick.« Wir kommen, um ihr dafür zu danken, dass ihr Blick auf unserer Geschichte ruht. Auf der Geschichte, die jeder von uns kennt, der verborgenen Geschichte unseres Lebens. Dieser Geschichte mit ihren Problemen und Freuden. Erschöpft von jenem langen Weg begegnen wir ihrem Blick, der uns tröstet, und wir sagen zu ihr: »Mutter, schenk uns deinen Blick.«

Der Blick der Jungfrau ist ein immerwährendes Geschenk. Er ist das Geschenk der Barmherzigkeit Gottes, der auf ihre Niedrigkeit geschaut und sie zu seiner Mutter gemacht hat. Der Barmherzigkeit Gottes, der sie vom Kreuz herab angeschaut und zu unserer Mutter gemacht hat. Der Barmherzigkeit des guten Vaters, der hinter jeder Wegbiegung auf uns wartet. Und damit wir diesem Vater begegnen, sagen wir heute zu unserer Mutter: »Mutter, schenk uns deinen Blick.« Doch wir sind nicht allein: Wir sind viele, wir sind ein Volk. Und der Blick der Jungfrau hilft uns, einander auf neue Weise anzusehen. Weil unsere Mutter uns anblickt, lernen wir, geschwisterlicher zu sein. Wir bekommen selbst diesen Blick, der befreien, begleiten, beschützen will. Wir lernen, einander mit ihrem mütterlichen Blick anzusehen. Der Blick der Jungfrau lehrt uns, solche Menschen anzusehen, die wir von Natur aus weniger beachten und die unserer Blicke am meisten bedürfen: die Hilflosen, die Einsamen, die Kranken, die Straßenkinder und jene, die nicht genug zum Leben haben, die, weder Jesus noch die Zärtlichkeit der Jungfrau kennen, die Jugendlichen, denen es schlecht geht. Haben wir keine Angst, hinauszugehen und unsere Mitmenschen mit diesem Blick der Jungfrau anzusehen, der uns zu Brüdern und Schwestern macht. Haben wir keine Angst, hinauszugehen und mit unseren Herzen und Blicken diese Kultur der Begegnung zu weben, die wir so dringend benötigen, die unser Heimatland so dringend benötigt. Lassen wir es nicht zu, dass sich irgendetwas zwischen uns und den Blick der Jungfrau schiebt. »Mutter, schenk uns deinen Blick.« Dass niemand ihn mir verstellt. Dass mein kindliches Herz ihn gegen all die Betrüger verteidigt, die mir Illusionen vorgaukeln wollen; gegen die, deren Blick von der Gier nach einem leichten Leben und unerfüllbaren Versprechungen getrübt ist. Dass sie uns den Blick der Jungfrau nicht wegnehmen, der ein Blick der Zärtlichkeit und ein Blick ist, der uns von innen her stärkt. Ein Blick, der unsere Kräfte bündelt, uns zu Geschwistern macht, uns solidarisch werden lässt. »Mutter, wende deinen Blick nicht von mir ab;

wir bitten dich ... schenk ihn mir, Mutter. Damit ich nie daran zweifle, dass du mich noch immer mit derselben Zärtlichkeit anblickst; damit dieser Blick mir hilft, die anderen besser zu sehen, Jesus Christus zu begegnen und an mir zu arbeiten, um auf diese Weise brüderlicher, solidarischer, offener für die anderen zu werden. Auf dass wir gemeinsam zu diesem Haus gelangen und unter deinem zärtlichen Blick zur Ruhe kommen. Mutter, schenk uns deinen Blick.«

PREDIGT, 25. JUGENDWALLFAHRT NACH LUJÁN, 1999

»Wir brauchen ihren Blick der Zärtlichkeit«

Ich bin zu euch gekommen, um zusammen mit euch zu Füßen der Gottesmutter zu stehen, die uns ihren Sohn schenkt. Ich weiß gut, dass Maria, unsere Mutter, in eurem Herzen ist, wie dieses Heiligtum bezeugt, zu dem viele Generationen von Sarden hinaufgestiegen sind – und dies weiter tun werden! –, um den Schutz der Gottesmutter von Bonaria zu erflehen, Schutzherrin der Insel. Hierher tragt ihr die Freuden und Leiden dieses Landes, seiner Familien und auch jener Kinder, die in der Ferne leben und oft unter großem Schmerz und voll Heimweh weggegangen sind, um eine Arbeit und eine Zukunft für sich und ihre Lieben zu suchen. Heute wollen wir alle, die wir hier versammelt sind, Maria danken, weil sie uns immer nahe ist, wir wollen ihr unser Vertrauen und unsere Liebe erneuern.

Die erste Lesung, die wir gehört haben, zeigt uns Maria im Gebet, im Abendmahlssaal, gemeinsam mit den Aposteln. Maria betet, sie betet zusammen mit der Gemeinschaft der Jünger, und sie lehrt uns, volles Vertrauen in Gott, in seine Barmherzigkeit zu haben. Das ist die Macht des Gebets! Wir wollen nie müde werden, an die Tür Gottes zu klopfen. Bringen wir durch Maria unser ganzes Leben zum Herz Gottes, jeden Tag! An die Tür des Herzens Gottes klopfen! Im

Evangelium dagegen nehmen wir vor allem den letzten Blick Jesu auf seine Mutter wahr (vgl. Joh 19,25–27). Vom Kreuz herab blickt Jesus auf seine Mutter und vertraut ihr den Apostel Johannes an, indem sie sagt: Das ist dein Sohn. In Johannes sind wir alle zugegen, auch wir, und der von Liebe erfüllte Blick Jesu vertraut uns der mütterlichen Obhut der Mutter an. Maria wird sich eines weiteren Blicks voller Liebe entsinnt haben, als sie ein Mädchen war: an den Blick Gottes, des Vaters, der auf ihre Niedrigkeit, auf ihre Kleinheit geschaut hat. Maria lehrt uns, dass uns Gott nicht im Stich lässt, dass er Großes auch mit unserer Schwachheit tun kann. Haben wir Vertrauen in ihn! Klopfen wir an die Tür seines Herzens!

Heute bin ich zu euch gekommen, besser gesagt wir sind alle zusammen gekommen, um dem Blick Mariens zu begegnen, da sich in ihm gleichsam der Blick des Vaters widerspiegelt, der sie zur Mutter Gottes werden ließ, und der Blick des Sohnes vom Kreuz herab, der sie zu unserer Mutter machte. Und mit jenem Blick schaut Maria heute auf uns. Wir brauchen ihren Blick der Zärtlichkeit, den mütterlichen Blick, der uns besser kennt als jeder andere, ihren Blick voller Mitleid und Fürsorge. Maria, heute wollen wir dir sagen: Mutter, schenke uns deinen Blick! Dein Blick bringt uns zu Gott, dein Blick ist ein Geschenk des guten Vaters, der uns an jeder Wende unseres Lebens erwartet, er ist ein Geschenk Jesu Christi am Kreuz, der unsere Leiden, unsere Mühsal, unsere Sünde auf sich lädt. Und um diesem Vater voller Liebe zu begegnen, sagen wir ihr heute: Mutter, schenke uns deinen Blick! Wir sagen es alle zusammen: »Mutter, schenke uns deinen Blick! Mutter, schenke uns deinen Blick!« Auf dem oft schwierigen Weg sind wir nicht allein, wir sind viele, wir sind ein Volk, und der Blick der Gottesmutter hilft uns, uns untereinander auf brüderliche Weise anzuschauen. Wir wollen uns brüderlicher anschauen! Maria lehrt uns, jenen Blick zu haben, der sich bemüht, aufzunehmen, zu begleiten, zu schützen. Lernen wir, aufeinander unter dem mütterlichen Blick Mariens zu schauen! Es gibt Menschen, die wir instinktiv weniger beachten und die dagegen dessen mehr bedürfen: die am meisten Verlassenen, die Kranken, alle, die nichts zum Leben haben, jene, die Jesus nicht kennen, die jungen Menschen, die in Schwierigkeiten sind, die jungen Menschen, die keine Arbeit finden. Haben wir keine Angst, hinauszugehen und auf unsere Brüder und Schwestern mit dem Blick der Gottesmutter zu schauen, sie fordert uns auf, wahre Geschwister zu sein. Und lassen wir nicht zu, dass sich etwas oder jemand zwischen uns und den Blick der Gottesmutter stellt. Mutter, schenke uns deinen Blick! Keiner darf ihn uns verbergen!

Als deine Kinder soll unser Herz es verstehen, ihn gegen die vielen Schwätzer zu verteidigen, die Illusionen verheißen; gegen jene, die einen Blick haben, der nach einem leichten Leben giert, nach Verheißungen, die nicht erfüllt werden können. Sie dürfen uns nicht des Blicks Mariens berauben, der voller Zärtlichkeit ist, der uns Kraft schenkt, der uns solidarisch untereinander macht. Alle wollen wir sagen: Mutter, schenke uns deinen Blick! Mutter, schenke uns deinen Blick! Mutter, schenke uns deinen Blick!

Heilige Messe bei der Wallfahrtskirche
Unsere Liebe Frau von Bonaria
während des Pastoralbesuchs in Cagliari,
22. September 2013

Bildverzeichnis:

S. 17: Michael Erhart, *Ravensburger Schutzmantelmadonna,* 1480, Bode-Museum Berlin, Bild: Archiv Verlag Herder

S. 31: *Nuestra Señora de Luján,* Gnadenbild, 16. Jh., Basilika in Luján, Argentinien, Bild: Quelle unbekannt

S. 43: Martin Schongauer, *Madonna im Rosenhag,* 1473, Dominikanerkirche Colmar, Bild: Archiv Verlag Herder

S. 63: Theophanes der Grieche (um 1330 – um 1410), *Heilige Mutter vom Don* (russische Ikone), Bild: wikicommons

S. 75: Stefan Lochner, *Madonna im Rosenhag,* um 1450, Wallraf-Richartz-Museum Köln, Bild: wikicommons

S. 93: Rogier van der Weyden, *Verkündigung* (Columba-Altar), Alte Pinakothek München, Bild: © bpk | Bayerische Staatsgemäldesammlungen

S. 109: Rogier van der Weyden, *Heimsuchung,* um 1435, Bild: © bpk | Museum der bildenden Künste, Leipzig | Ursula Gerstenberger

S. 121: *Schwarze Madonna von Altötting,* Gnadenbild, frühes 14. Jh., Gnadenkapelle Altötting, Bild: Archiv Verlag Herder

S. 135: Lucas Cranach der Ältere, *Gnadenbild Mariahilf,* nach 1537, Innsbrucker Dom, Bild: wikicommons

S. 153: El Greco (Werkstatt), *Mater Dolorosa,* um 1587–1590, Bild: © bpk | Gemäldegalerie, SMB | Jörg P. Anders

www.herder.de

Gestaltung: wunderlichundweigand
Foto von Bischof Dr. Stefan Oster SDB: Pressestelle Bistum Passau

Herstellung: Graspo CZ, Clín
Printed in the Czech Republic

ISBN 978-3-451-34231-8